河出文庫

おなかがすく話

小林カツ代

河出書房新社

おなかがすく話

ひょっとしたら
今のあなたが
昔のあなたが
この本のわたしと
きっと重なることでしょう

この本は
若い日のわたし
とても若かったころの
わたしがいっぱい出てきます
描いた絵もいっぱい出てきます

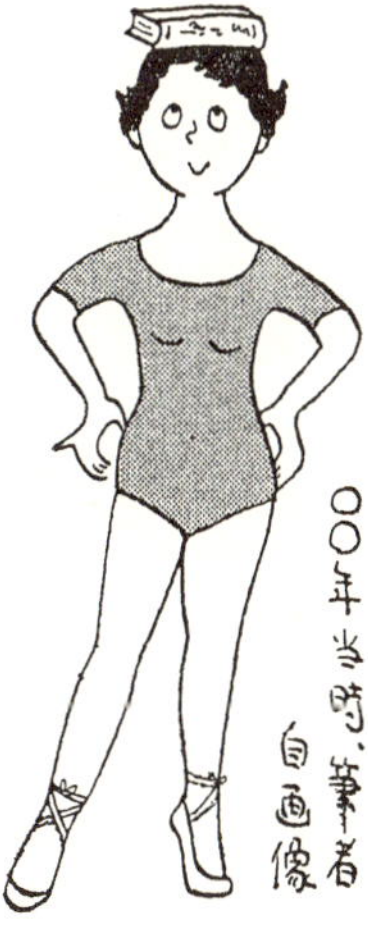

もくじ

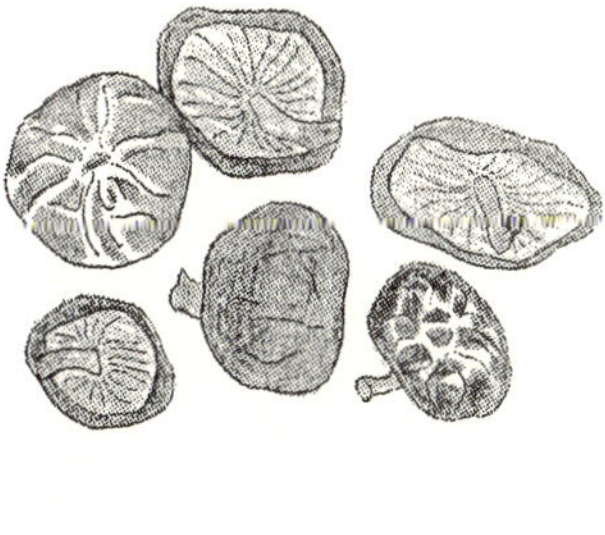

チャレンジしましょ！

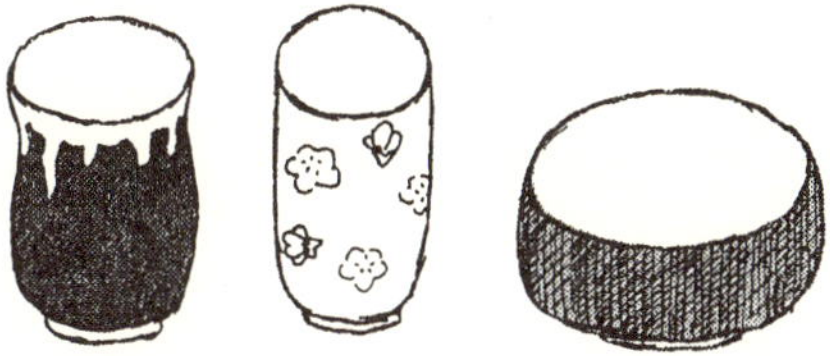

「コロッケー」を作る

古ーい古ーいコロッケの話をしましょう。古いといっても、くさりかけのコロッケというのではありませぬ。

パラパラとめくっていた雑誌に、明治三十年頃のコロッケについて書かれてありました。例のじゃがいもでつくる庶民《しょみん》のコロッケです。

なんとなく、断然この明治時代のコロッケ、いや「コロッケー」を自分で作ってみたくなりました。

ただし、作り方がくわしく出ているわけでなく、材料が大ざっぱに記されている程度。

「牛肉一斤《きん》、馬鈴薯《ばれいしょ》、玉ねぎ」とあっても、じゃがいもや玉ねぎの量はわかりません。それくらいはどうってことありますまい。じゃがいもよりお肉の量の方が多いなんてことはないでしょうから適当にすることにしましょう。

しかし、はたとのっけからつまずきました。

「牛肉一斤……」の一斤がわからない。その後に醤油《しょうゆ》一合なんて出てくるから、かなりの量なのかしら。それともじゃがいもの量がものすごくて、一斤というのは大した量ではないのかしら。さーてわからない。

私より年下のくせに、古くてけったいなことをよく知っているKさんに早速電話。

「もしもし――、一斤って知ってる？　牛肉一斤ってどれくらいの量だと思う？」

「牛肉？　あなた一斤ってパンのことでしょ」

「⁇」

「パンなら一斤って言うけど牛肉一斤なんて言わないわよ、ケケケ」

「それがちゃんと牛肉一斤って言うらしいから困ってんのよ」と、明治時代のコロッケーについてひとくさり。

「ふーん。でもあなたも変わってるね。何もわざわざそんなコロッケーを作らないでも……。だって味つけが醤油とみりんとお酒？　あんまり食欲わかないもん。あなたんちのコロッケ、私大好きだけどねえ」

「あなたのために作るわけではないのであります。己れの好奇心というか探究心のために作るのであります」

「ふーん、あなたのコロッケ、お肉がいっぱい入ってるでしょ。ああでなくっちゃ。だってこの前お肉屋さんで買ったコロッケなんて、お肉が入ってんのかなあって感じ。

やっと肉らしきものが舌の先にあたってしめた！　と思ったら、あなた、じゃがいもの皮だったのよオ、ほんとにくらしい！」

「ケケケー」

　いやはやなんでこんな話になったのか。それにしても肉一斤がどれくらいかぐらいは知りたい。調味料の量は醬油一合は一八〇cc、酒、みりん五勺《しゃく》は一合の半分だから九〇ccとわかるのですけれど、肉の量がわからないとじゃがいもの量も目安がつかめないし、調味料のわりあいもわかりません。

　そうだ、もう一人友人に物知りがいるぞ。

「一斤？　百匁《もんめ》とか一貫《かん》とかはわかるけど、ねえ十貫くらい（約四〇キロ）じゃなーい？」

「はい、さようなら」

　四〇キロもの肉を使うとしたら、じゃがいもは一体何百コ皮をむけばいいんです？

　同じく昭和生まれだけれど年の離れている姉に大阪へ電話をかけてみました。

「一斤？　さあ知らんわ」とつれない返事。

「お母ちゃんに聞いてみて」

　母と姉は隣同士に住んでいました。

「多分知りはれへんと思うけどねえ、もしわかったらこっちから電話するわ」

嬉しいことにそれからまもなくリーン。

「やっぱり明治生まれやなあ、即、一斤は一六〇匁、約六〇〇gですって」

さすが母上、さすが明治生まれ、しからば早速作りますぞ。

じゃがいもの量は書いてないけど肉より多いことはまちがいないので適量にすることにします。醤油やみりんもそれに合わせてこちらで適当に。

私が作らんとする明治のコロッケーの配合は、牛肉薄切り並肉一五〇g、じゃがいも大4個、玉ねぎ½個、醤油大さじ2、酒大さじ1、塩・こしょう。

肉と玉ねぎはこまかくきざんで油でいためてから、醤油、酒、みりんを加え、塩・こしょう少々をふりこみ、そこへゆでてつぶしたじゃがいもを入れてよくまぜました。

色は少々濃いけれど味はなかなかいいみたい。あとはいつものコロッケと同じ。形はごくふつうのだえん形に丸めて衣をつけました。作り方は本のとおり。

パッパカパーン、夕食に登場でーす。

一口先に食べた夫、

「なんだ、こりゃあ?」

「あら、おいしくないの?」

「いや、色がなんだか変だし、味もいつもと違うよ」

「でもおいしいでしょ」

「うん、おいしいかなあ」と妙な返事。

私も食べてみました。おいしいおいしい。確かにいつものコロッケの味とはまったくといっていいほど違うけど、これはこれでなかなかおいしいではありませんか。なによりも明治時代の味がします。そう思って作った本人は特にそう感じます。夫にこまごまと由来を話し、まず先入観を植えつけてから今一度味わうようすすめました。

「ふーん、だけどなあ、ちょうど肉じゃがの煮つけをコロッケにしたような味だよ」

肉じゃが⁉

いや、まったくそうだ、なんのこたあない。例のありきたりのおそうざい、肉とじゃがいもと玉ねぎの煮っころがしと材料が同じ、味つけも同じではないか。

そう言われてから食べてみると、ほんと、夫の言うとおり〝明治時代のコロッケー〟は、肉じゃがの煮つけをコロッケにしたような味そのものでありました。

弟子が語る、その後の話

カツ代師匠によく依頼があった仕事のひとつに、「家族に分からないよう、残り物を違うおかずに変身させる」というものがありました。例えば、一人分のカレーが二人分のドリアになったり、一人分の鶏の唐揚げが四人分のおこわになったり、という展開。でも、どんなに頼まれても最後までやらなかったのが、「肉じゃがをコロッケにする」こと。依頼が来るたびに、打ち合わせではこんなやりとりがあったことを思い出します。

「手をかけてね、明らかに納得のいかない仕上がりになるから、私は絶対作らないの。コロッケは最初からお芋さんをつぶして作るのが一番おいしいんだから」

「いやいや、読者には人気があるんですよ。ぜひ先生の肉じゃがでお願いします」

「それだけは作んないのっ！　残り物の味がするのは、ダメなのよ」

なぜ頑に肉じゃがのリサイクルをしなかったのか、このエッセイで謎が解けました。

ごく私的なる味の相性

私ね、とてもおかしなくせ（いや、こんなのくせとはいわないかな）があって、例えば今夜はとんかつにしようと思うでしょ、そうするとつけ合わせが必ずキャベツであるように、とんかつの時の汁物は必ずといっていいくらい、貝のおみそ汁でなくっちゃいけません。貝なら、あさりでもしじみでも何でもいいんです。

他にも、貝のおみそ汁を必ずつけるのはポテトコロッケの時。この場合、もっとおかしなことは、コロッケがおかずの際はどういうわけかいつもごはんの上に海苔《のり》のつくだ煮をのっけて食べるんです。

私のつくるポテトコロッケには練乳を少々入れるという秘密があって、とても好評なのですが、どんなにおいしく出来ても、海苔のつくだ煮を切らした時は何か気がぬけたように思うのですからふしぎです。

きっとずっと以前にコロッケを作った時、たまたま海苔のつくだ煮があって、ごはんにのっけて食べたのでしょう。その時きっととてもおいしく感じたのでそれ以来コロッケがおかずの時は、ごはんに海苔のつくだ煮をのっけて食べるなんて、妙な習慣が出来たに違いありません。

他には、五目ずしの時は茶わん蒸しとヌタと決まっているし、栗ごはんにはぜったいにとりの唐揚げをおかずに作ります。

おすしに茶わん蒸しといえばありきたりですが、栗ごはんになんでとりの唐揚げが出てくるのかとお思いでしょう。これには少しわけがあるのです。

下の子を出産した日の病院の食事が栗ごはんだったのです。正確に言うと、出産する少し前の陣痛《じんつう》の起こりつつある時のお昼に出てきたものです。

（こんな手のかかるものを、大勢の人に作るのはさぞ大変だったでしょうに）とちょっとびっくりしました。そろそろ痛みがきつくなってきていたのですが、あまりにおいしそうだったので口へ入れました。

栗もいっぱい入っていて、実においしいごはんでした。その時のおかずがとりの唐揚げだったのです。

他のは忘れましたが、これだけは、はっきり覚えています。唐揚げも食べてみました。驚いたことに栗ごはんととてもよく合って、淡白な栗と、油気のある唐揚げはどちらも味のひきたて役でした。

でも、ほんとに残念なことに、栗ごはんは二口か三口、とりの唐揚げはひとかけを食べただけで、急に強くなった痛みで、はしを置いてしまいました。こんなに手のかかった、おいしく作られたものを残すなんて、作った人の気持ちを考えるとほんとに残念で、しのびがたい思いで、今も忘れることが出来ません。

そんなわけで、以来栗ごはんにはとりの唐揚げという次第です。

炊《た》きこみごはんの時はほうれん草のごまあえと塩鮭《しおざけ》の焼いたもの、それから大根おろし。グレイビーソースやトマトソースで煮こむ料理の時は必ずベークドポテトを山ほど作ります。これなどはまあふつうの料理の常道といえますが、もっともおかしなことは、おやつにホットケーキを食べる時は別にどうということもないのに、日曜の朝たまにホットケーキでもと思う時は、ぜったいにキャベツの油いため（それも葉っぱのままの大きさで）が食べたくなるのです。これもちゃんと理由があって、何年か前に雑誌に出ていたホットケーキとキャベツの油いための写真を見てうわァおいしそう！　と思った（なんでまたキャベツごときにそう感激したかはわかりませぬ）のが始まり。

オリジナルにせよ物真似にせよ、味の相性の発見は面白く、少々変てこりんでも、ますます探究心旺盛な私なのであります。

弟子が語る、その後の話

師匠は旬をとても大事にする人でした。今では一年中ほとんどの食材が手に入るようになりましたが、それでもその季節じゃないと買えないものがあります。冬なら三陸の牡蠣、春なら山菜、夏はスイカ、そして秋には栗、松茸といった具合に。こと秋に関しては、あっという間に通り過ぎ、うっかりすると旬の味を口にしないまま冬になってしまうわと話していたものです。スタッフ全員耳がタコになるほど聞かされていたのが、この「栗ごはんには唐揚げ」の組み合わせでした。

スピード料理に自信のある師匠とて、多忙のときの栗の下ごしらえはハードルが高く、そんなときは「栗ごはん」が「さつまいもごはん」に化けていたものです。さつまいもごはんはすぐ作れますもん。この組み合わせもなかなかよき相性です。それでも、忙しい中、栗ごはんを秋に一度は作っていたものです。栗の皮むきがなんとか早くできないものかと研究していた割烹着姿を思い出します。

パン好きなり

子どもたちが小さい頃、近くにとてもおいしい焼きたてのパンを売る店がありました。

もうホームメイドのパンなんぞ作る気がしません。(なぜか家庭用オーヴンだと、味はいいけどちょっと程度の低いフランスパン風になるのです)

せっせせっせ、毎日毎日出かけてって買いました。あんまりよく買うので、ある日、パン屋さんがうちの子どもたちを見て言いました。

「お子さんは二人だけですか?」

「ええ、そうですけどなにか?」

「いえね、あんまりよく買われるので、よほどご家族が多いのかと……。で、朝だけでこのパン全部食べてしまわれるのですか?」

「まさか。夕食もうちではパンのときが多いものですから夕食の分もです」

「へー」

夕食にパンを食べると言うとたいていの人がけげんな顔をします。パン屋さんですら。

いつだったかも、パンのいっぱい入った大きな袋をかかえていたら、近所の奥さんに同じことを聞かれました。やはりとてもけげんな顔をして、

「よくご主人が文句をおっしゃらないですね」

「いいえ、文句を言うどころかパン食のほうがむしろ喜ぶようですよ」

「まあ！　ずいぶん手のかからない楽なご主人ですこと、うらやましいわ」

「⁇」

「だって、うちなんか朝パンにするのは忙しい時に楽だから。パンだとチーズや牛乳、せいぜいゆで卵くらいですむでしょう」

なるほど、これでは楽だ。夕食もこの考え方でやるのなら確かに楽。しかしですぞ、パンだとチーズや牛乳ですむというのはおかしい。パンにだっておかずは必要なり。ごはんの時よりむしろ頭をひねります。パンということで一応洋風の料理ということになりますし、夫や子どもたちはパンもさることながら、洋食がとても好きなのです。パンといえば朝食、朝食といえばチーズに牛乳ということで、パン即、チーズということになるらしい。

ある時はこういう人もいました。

「あら、お宅は夜に代用食を召し上がるんですか⁉」

ああかわいそうなパン、戦争中はお米の代わりということでパンを代用食と呼んだとのこと。しかし今やレッキとした主食のはず。

「パン食だとおかずに困るでしょう」と言う人も多し。

これは少し当たってます。ごはんだと和洋中華いずれでも合いますものね。中国料理店で蒸しパンが出てくることもあるので洋食にとこだわることもないのですけど、私は洋食を食べる雰囲気が好きなので、洋風の献立《こんだて》をたてることにしています。きれいなテーブルクロスをしき、すてきな音楽を聞きながら、時にはワインを傾けつつ、フォークやナイフを使って食事をする……なかなかよか気分なんですよ。

ちなみにわが家のある夜のメニューは――
＊生シイタケのコンソメ
＊サラダニソワーズ（あらゆる野菜にツナやゆで卵を入れてドレッシングで）
＊チキンマレンゴ（とりももをトマト、パプリカ、マッシュルームとワインで煮こむ）
＊ベークドポテト（マッシュポテトをオーブンで焼く）
＊デザートはミルクゼリーあんずソース（離乳食びん）かけ

ね、なんとなくごちそうって感じしません？

チキンマレンゴ　2人分

鶏骨付きもも肉　2本
トマト　大1個
マッシュルーム（スライス）　小1缶
オリーブ油　大さじ½
バター　大さじ½

＝A＝
パプリカパウダー　小さじ1
塩　小さじ½
こしょう　適量
おろしにんにく　少々

＝B＝
赤ワイン　150㎖
パセリ（みじん）　大さじ2

砂糖　大さじ½
塩　適量
ローリエ　½枚

【作り方】

① トマトはざく切りにする。マッシュルームは缶汁を分けておく。
② 鶏肉はAの調味料類をすりこむ。
③ フライパンにバターとオリーブ油を熱し、鶏肉の皮を下にして並べ入れる。全体をこんがり焼いたら、トマトとマッシュルームを加えてさっと炒める。
④ 火を止め、赤ワイン、缶汁、Bを記載順に次々加え、蓋をして弱火で30〜40分煮込む。時々、木べらで鍋底をこそぐようによく混ぜる。
⑤ 皿に鶏肉を盛りつけ、煮込んだソースをかける。パセリ（分量外）が残っていれば、みじん切りにして全体に散らすときれい。

おにいちゃん印のカレー

友人のKさんは大の料理ぎらい。

ところがそのKさんが二、三日実家へ遊びに行って帰ってきたとたん、「ね、うちにあるカレールウ買ってくれない?」と言い出しました。

「一体どうしたのよ」と私。

Kさん「いや、これから私は断じてカレーはすべて一から手作りする!」とまあすごい張りきりよう。わけを聞くと、実家で彼女のおにいさんが作ってくれたカレーが実においしくて彼女の舌にどんぴしゃりと来たものだから、カレールウの銘柄《めいがら》を聞いたところルウではなくてカレー粉を使って作っておるのだといわれたとのこと。

そこで彼女、断然作る気を起こし、「家に買いおきのカレールウはすべて処分したし」とあいなった次第。

私は彼女の張りきりように喜びこそすれケチをつける気など毛頭なかったのですが、なにげなく、

「ああそうだったの、カレーを一からっていうからカレー粉も作るのかと思っちゃっ

た」

と言ったら、

「え？　そんなこと出来るの！　うわー知らなんだ知らなんだ」

と今度はばかにしょげてしまいました。

「でもあなた、おにいさんの作られたのがそんなにおいしかったのは何か他にもあるんじゃない？」

「だって、作り方を聞いたら私と違うところは兄はうどん粉とカレー粉でルウを作る、私は、はじめから市販《しはん》のカレールウを使う、そこだけだったのよォ。他にはなーんにもない」

「ふーん」

「ルウでなくてカレー粉を使うっていうのはとにかく超手作りなんだよねえ」

「とにかくまあ作ってみなさいよ」

「どうせ作るんならほんとに一から作らないとつまんないなんて気になってきた。でもルウを処分するのはやめる。そのうちあきると困るから」

と、こくめいにカレー粉の原料を私から聞き出してはメモ。

ただし、例によって数日後「メモるのは好きだけど作る気にはならんなあ」でおしまい。

ちなみにカレー粉なるものを作り出すために使用される香辛料は、唐辛子、こしょう、しょうが、ナツメグ、シナモン、メース、クローブ、クミン、コリアンダー、ディル、カルダモン、フェンネル、陳皮《ちんぴ》、キャラウェイ、マスタード、オールスパイス、サフラン、ターメリック、エトセトラ、エトセトラ。ね、全部集めるの、けっこう大変でしょ。

弟子が語る、その後の話

料理の世界も日進月歩で、今は世界的規模に様々な情報、モノがあふれる豊かな時代です。師匠がこのエッセイを書いていたのは、ちょうど40年ほど前でしょうか。今では黒コショウの粒をガリガリッとミルで挽いて使うことも普通になり、スーパーマーケットのスパイスコーナーに行けば、右で紹介しているスパイスのほとんどが入手できます。

しかしながら、「カレー粉」がこうしたスパイスをブレンドしたものだということは、まだ一般的に知られていないかもしれません。師匠の台所は、「カレー粉」というブレンドスパイスに加え、せいぜいガラムマサラ、チリパウダー、パプリカなどを常備し、日常的に使っていました。ブレンドするのはスパイスのプロの技ですし、スパイスは香りが命、封を切ったら1年以内に使い切るのがベストです。料理の世界に身を置く人間とて、超本格カレーを作るためにすべてのスパイスを揃えるといったことはあまりいたしません。料理教室の生徒さんにも、そう解説していましたね。

おふくろたち、おふくろの味を食べる

子どもたちが幼稚園に行っていた時の話です。ちょっと面白いお店があるからみんなで食べに行きませんかとお誘いがかかりました。

面白い店なんて聞くとむろん二つ返事でほいほい。「で、どんなお店？」「ええ、おふくろの味の店なんです」「おふくろの味？」。ふむむ、おふくろの味の店が面白い店とな？……などと思案する間もなく、どのお母さんも顔を輝かせて「行きましょう！」。

なるほどなるほど、わかったぞ。ここにいるのは若くはあっても全員がすでにおふくろそのものであり、おふくろが、おふくろの味をわざわざ食べに行くというのは確かに少し変わっているし面白いといえば面白いと言えるではないか。

昨今の風潮ではおふくろの味への郷愁といえば男性と相場が決まっていて、おいもの煮っころがしだ、ひじきだといったおそうざいに男性は飢《う》えているととかくかしましい。現に湯どうふバーなんてのもあってはやったそうな。それはともかく、実際には私のまわりの若き母親たちはバタくさいものよりむしろおふくろの味的なものの方をふだんからよく作っているもよう。だから当然、自分たちもしょっちゅうおふくろの味を口にしているはずなのに、なぜかくも全員おふくろの味の店と聞いて目を輝かしたか……。

つまり、母親たちこそおふくろの味に飢えているのです。おいもの煮っころがしも、ひじきも、自分たちが作ったものばかり。いわゆるおそうざいを人に作ってもらって食べる機会なんて、実家にでも帰った時でないとないのですから。

と、まあそんなわけでぞろぞろとおふくろたちがおふくろの味の店へ出かけた次第。確かに面白い店ではありました。なぜなら、それこそどこの家庭でも食べているようなものがみずくきもうるわしくおしながきに書いてあり、何やらおもはゆい。などと優雅に見ているうちはいいのですが、納豆一五〇円なんてのが目に入ると、スーパーで買えば一箱えーと〇〇円、なんていじましい計算がちらと頭をかすめます。ほうれん草のごまあえも然《しか》り……量を見ないとわからないけどこれも高いなあという声。

ビーフ・ストロガノフ千二百円と聞いてもたいして驚かないのに、なぜかくもおふくろの味にはどよめくか。これは多分あまりにも日常的であり知りすぎているからでしょう。

そのうち「でも手間がたいへんだものねえ」ということになり、その目で見ればほうれん草にしても野菜の煮物にしても下ごしらえから何から百も承知の母親たち「ほんと、そうよ。それにあとかたづけもないしねえ」。

かくていじらしきわが同胞の母親たち、わかめのみそ汁・卵焼き・里芋《さといも》の田舎煮・山菜のおひたし・あじ塩焼きなんぞが並んだ定食を無事食べました。ずらり並んだ母親たちがこれらごく家庭的おそうざいを食べている姿を見た人の中には「なんと嘆かわしい……」とまたかしましく思う人もいることでしょう。

おひるの食事にしては決して安くはなかったし、それにほんとのところびっくりするような味であるわけがありません。ばかばかしいなあとの思いも少しはあったにせよ、外で食べる時はふだん家で食べられないものを食べたいと思う反面、こういったおふくろの味に、おふくろ自身がひかれることもあるのです。

里芋の田舎煮　2人分

里芋　8個（300〜350g）

牛切り落とし肉　100g

＝A＝

砂糖　小さじ1

みりん　小さじ

酒　小さじ2

「醤油　大さじ1
水　1と½カップ
【作り方】
① 里芋は皮をむいて大きければ2つに切る。手がかゆかゆになりやすい人は、サッとゆでてからむくといいです。
② 鍋の中を水でぬらしてAの調味料を煮立て、牛肉を加えて中火でコテッと煮る。
③ 里芋を加えて分量の水を注ぎ、中火で里芋がやわらかくなるまで蓋をして10〜15分煮る。途中で一度混ぜる。竹串を刺して、スッと通れば出来上がり。まだ固ければ、水を足して、もう一度火にかけて。

雑酒

私のもっとも口惜しいことはお酒に弱いことです。お酒の味は好きなのに、少しでも飲むとすぐダウン。コップ一杯のビールで世の中ばら色、誰を見てもにっこりこ。一杯半飲むと、もう何もかもがおかしくてまさに笑い上戸。笑うだけならいいのですが胸も背中もどうきが打ちはじめます。

それ以上飲もうものなら、一晩中でもケケケと笑いころげて、つま先までドキンドキンとなるでしょう。おまけに、ほんのり桜色といったお色気のあるとこはすぐに通りこし、真っ赤なゆでだこ風となります。ゆでだこが夜中にケケケケなんて、本人でさえ気持ち悪く、そんなになるまで飲んだことはありません。

ですから、お酒のみがチョビチョビ楽しむ心理などとんとわからず、洋酒でも日本酒でも料理やお菓子に平気でドボドボ使います。いくら弱いったって、シチューやケーキではまさか酔《よ》わないものですから。

まだ若かりし頃、母の代理で得意の煮こみ料理を作りました。おいしいおいしいと食べてくれる父に「そりゃそうよ、これ黒っぽいびんのお酒ぜーんぶ入れてんもの」と私が鼻高々で言ったら、シチューがのどにつかえたのか父はちと青くなりました。

聞けばたいそう高価なボルドーのワインだとかで、残り少なくなったのをなめるがごとく惜しんで飲んでいたとのこと。「そんでもあのお酒古かったよォ」

ところがワインは、製造年代が古いほど値打ちがあるそうな。どうりでその日のシチューはことのほか上出来でございました。

が、しかし本来ワインというものはいかに極上品でも、一たん栓《せん》を開ければわが父上のようにチビチビ飲むものでなく、早ばやと飲みきるもののよし。ゆえに私の処置は正しかったのであります。

お酒に関する無知なる私の話は結婚してからも続きます。いつだったかわが家に珍しいブランデーが到来しました。贈り主には悪いけど、びんを見て真っ先に思ったことは「しめた、クレープにたっぷりかけて火をつけたらすてき！」。

しかしながら、気がかりなのはびんのラベルに〝雑酒〟とあること。犬でも雑種といやあそう上の部に属さないから、さてはこのお酒もかなりマゼモノの多い、いかがわしいブランデーなのだろうと思いました。

夜、夫が友人のMさんを連れて帰ってきました。Mさんはお酒好きゆえ、甘いクレープより生《き》のままの方が喜ばれるでしょうけど、雑酒なんていただけない。つめでガリガリとラベルをはがし、

「今日よそから届いたんです、よろしかったらどうぞ。お口に合わないとは思いますけどたまにはこんなものも」

「あれ、ヘネシーのV・S・O・Pじゃないか、すごい」と夫。

「あのね、ヘンネシだか何だか知らんけどね、これ雑酒やねんて」私は小声で言いました。

「それでここはがしたの、ばっかだなあ汚くしちゃって」はげはげラベルを夫はなですり、

「いやーけっこうですなあ」とMさんは早くも舌なめずり。さすればこの雑酒、そう恥ずかしい代物《しろもの》ではなかったのか。

以来、Mさんは前よりいっそうマメにわが家をご来訪。

「おや、少し減りましたね」「ボク専用のグラスはまだでしょか」等々。誰のお酒かわからぬようになり、ついに私はクレープシュゼットの炎を見ないうち、かのブランデー氏は空きびんと化したのであります。

ちなみに雑酒とは、その当時洋酒類のことを全般にそう呼んだとのことですが、現在ではビール以外の発ぽう酒、つまりドブロクなどを雑酒と言います。

ですからして「雑酒が好きなの、あたし」なんてことはユメおっしゃらないで。

フランスパンで作るサバラン　2人分

フランスパン　10〜12cm
〈シロップ〉
砂糖　大さじ3
水　1カップ
レーズン　大さじ1
ブランデー　大さじ3
生クリーム　½カップ
粉砂糖　大さじ1
キウイ　1個
黄桃　小1缶

【作り方】

① フランスパンは長さを2つに切って、シロップを浸み込みやすくする為に上のかたい面を少しだけ切り落とす。
② シロップの砂糖、水、レーズンを火にかけ、フツフツして砂糖が溶けたら火を止

め、ブランデーを加える。

※お酒に弱い人は最初から一緒に火にかけます。

③　アルミ箔を広げてパンをのせ、上からシロップを回しかける。しっかり包んで、冷蔵庫で3時間以上冷やす。食べる時は、粉砂糖と一緒にホイップした生クリームと果物をそえる。

＊お酒をまったく飲まない小林家。行くあてのない（？）高級ブランデーが、大人のおやつ作りにふんだんに使われておりました。みんなが大好きだった、カツ代さんのサバランです。また、このころはフランスパンという言い方が主流でしたが、今はバゲットという表記に変わったのも時代の流れですネ。

にんにくみそに出会うまで

　まだ子どももいない頃の夏、私たち夫婦は信州の野辺山高原へ行きました。見渡す限りレタス畑がつづき、高原というよりのどかな田園風景といった感じのところです。

　予約しておいた宿の名はなかなかしゃれていました。勝手に素朴な山小屋風と想像して楽しみにしていたのですが……。やっと見つけたその宿のものすごさ、二人はしばし呆然《ぼうぜん》と立ちつくしました。どう説明していいかわかりませんが、写真などで見るところの簡易旅館とか、ドヤとかを大きくしたような、いやそれよりもっと汚くしたような、何ともいいがたい家なのです。土間はうす暗く、それでも二十足ほどの山靴が散乱していました。

「泊まっている人がいるんだから、まあだいじょうぶだろう」何がだいじょうぶだか知らないけれど、言ってる夫も心細げ。とにかく中へ入りました。かなり混んでる様子ですが、通された部屋は外から見るよりまたすごい。たたみ、ふすま、障子紙《しょうじがみ》、障子のさん、どれもこれもアカまみれというより表現の他なし。

　宿の人がお茶と座ぶとんを持ってきました。とてもお茶に口をつける気はしなくて、二人ともぼんやりと座ぶとんに座っていました。ふと気づくと、何やら悪臭がします。

「へんな匂《にお》いせえへん?」「うん、ここへ入った時からにおったけど、一段ときつくなったなあ」「何やろ?」「何だろ?」いくら見まわしてもわかりません。もういたたまれなくなってきました。

「わかったぞ! 座ぶとんだア!!」「キャオ!!」飛び上がって座ぶとんを放り出しました。お尻がしんしんと冷えますがそんなことといっちゃおれません。その座ぶとんは模様もわからないほど汚れきっていました。もう旅の楽しさはどこへやら、冷たいたたみの上で、おたがいにむっつり黙りこんでしまいました。

しかし沈黙の後、「出ようか!」ほとんど同時に叫びました。とてもここで夕食を食べる勇気はありません。宿の人に予定を変更したいというと、混みすぎて困っていたところらしく、快く承諾《しょうだく》してくれました。

外へ出ると信じられぬくらいの青空です。

「まだこんなに明るかってんねえ」

まるで何日もあのくさくて暗い部屋にいたように、二人とも疲れ果てて、他の宿を探しました。幸いすぐ見つかりました。

「みんなざこ寝だけど、ご兄妹だからいいでしょ」

人のよさそうなおばさんがひとり合点して、にこにこと部屋へ案内してくれました。

小さくて質素で、つながれている乳牛のそばを通ってお風呂に入るような家ですが、ちっともくさくありませんでした。夕食はタラの干物とみそ汁、漬物とこれまた質素、でも大勢の人といっしょに食べる味は格別でした。

翌朝も夕食と同じ献立。そしてお昼、出発前にぜひといわれてごちそうになったのが、うらの畑で取ってきたばかりという緑濃いレタスでした。井戸水で洗ってざるに山盛り。つけて食べるのはマヨネーズでもドレッシングでもなく、にんにくみそでした。信州みそに、にんにくをすりおろしたものだと思います。こんな食べ方もあったのかと感心しながら、大きい葉のままのレタスを手で持って、おみそをつけながら食べました。そのおいしかったこと！　何枚も何枚も食べました。都会で見る白くて固く巻いたレタスでなく、わアーっと開いていて、まだ結球する前の緑鮮やかな、水々しいレタスでした。

以来、私はそんなレタスを見かけたら必ずにんにくみそで食べます。野辺山では、家でしぼりたての牛乳を煮沸《しゃふつ》して冷やしたものをいっしょに出してくれましたから、家では市販のミルクではあるけれど、これも添えます。そして、澄んだ空気と青い空ならぬ、スモッグに汚れた空をながめてレタスを食べながら、遠く野辺山をなつかしむのです。

弟子が語る、その後の話

地方の講演会に呼ばれることの多かった師匠ですが、おそらく地域活性化もあったのでしょう、観光客のいないシーズンオフによくお呼ばれしていました。季節でいえば、2月、3月。冬をようやく越えようという春間近の宿は、どんなに素晴らしい老舗旅館であっても、寝具に問題があることが多々あったものです。

普段、わはははっと何事も笑いとばす豪快な師匠の弱点は、「湿《し》っ気《け》た匂い」でした。もともと寝つきが悪いうえ、寝具類の湿気漂う匂いにめっぽう弱く、ほとんど眠れず朝を迎えることが少なくなかったようです。

どんな枕でもストンと寝てしまう弟子（私です）を横目に、眠れない一夜を過ごしたのでしょう、眠そうな顔で朝食をとっていた顔を思い出します。師匠が一人で出張した日の翌朝、かけてくる電話で開口一番寝具の話をしていましたっけ。ヨーグルトの匂いだったとか、ごぼうを干した匂いだとか……。

ここに文章で再現できないのが誠に残念なのですが、その話は怒りもなく、深刻さもなく、まるで落語のごとく面白き小話でした。現代ではメールを中心にしたコミュニケーションが主流ですが、話術に優れた人とはぜひ生トークか電話で話をすることをおすすめします。

師匠の話しっぷりは、今でも私の耳と心に、ホワッと温かなものを残しています。

おいしいごはん㊙《まるひ》の章

ごはん炊きの名人がいました。たった1.5合のお米をそれはおいしく炊いてくれます。炊くといっても、電気ガマのことですから、ほんとのところ炊く名人というのはおかしな話です。でも、その人が炊くと味が違うのです。

同じ電気ガマ、同じ米、同じ量なのに出来上がったごはんがどうしてこんなにも違うのかと思うくらい、私の炊いたごはんとは月とスッポン。

つまり、私がごはんを炊くのが下手というより、むしろその人があまりにうますぎるのであります。

そこでしかと見学、きっととぎ方に秘けつがあるのだろうと、目を皿のようにして見ていたのですが、案に相違してとぐという作業はほとんどなく、サッサッとお米の汚れを洗うだけ。強いていえば、まわしとぎというような感じです。後は水道の水をちょっとしぼって出しっぱなし、米のとぎ汁をどんどん流してしまいます。一度お米を全体にゆすってみて、水がきれいになっていたらやっとストップ。

洗い終わったお米を見ると、まったくにごっていないといってもいいほどに澄みきっていました。こんなにとぎ汁を流しきっていいのかしらとつい思ってしまうのですが、私と彼女の洗い方の差はこの水の色。私はせっせせっせとたんねんにとぎ、水も幾度も変えはしますが、真水の色の手前でやめてしまいます。だってなんだか栄養もうま味も全部流れてしまうような気がするんですもの。それから彼女はすぐ水加減をします。よく料理の先生がするように〝ザルにあげておきます〟なんてことは決してしません。必ず水加減をしてしまってから、時間を置くのです。

以下は彼女と私との一問一答。

私「なぜお米をとがないんですかァ？」

彼女「たくさんのお米を洗う時ならまだいいのですが、こんなに少しの米だとつぶれるだけですから、よくとぐということはまずやりませんね」

私「あ、そうかー、それで私が洗うとお水が白くにごってしまうのね、すごーくとぐんだもの」

彼女「それじゃおいしい味がみんな出てしまいます」

私「はいよくわかりました。では洗ったお米をザルにあげないわけはなんですか」

彼女「ざるにあげておきますとね、上のお米はかわいて底のお米はぬれたまま、中ほどにあるのはしめっているといった具合に、それぞれの状態がみんな違います」

私「ふーむ」

彼女「それではだめなんです。おいしいごはんは出来ません。かわくまでザルのお米を何度もかえしてまんべんなくかわかすというのならともかく、そうでなければいっそ水につけっぱなしのほうがずっといいんですよ」

私「オソレイイリマシタ！」

それでこの日私はお礼に、ひじきのおいしい煮方と、タコ焼き料理法なんぞを伝授したのでございます。

このごはん炊き名人は、長い間すし屋のおかみさんだった人です。

あれからはや二十年。今もおいしいごはん炊いてるかなあ。

弟子が語る、その後の話

仕事場にいるときはつねにまかないごはんの炊き方をチェックしていた師匠。「今日のごはんは誰が炊いた？」「なにか、変でした？」「どうやって炊いたか言ってみて」。そんなこわごわとしたやりとりがある日もあれば、「ん、今日のはおいしく炊けていたわ」と、うれしさでスタッフの頬がポッとピンク色になる日もありましたっけ。

晩年は自宅でレバーをカチャッと下に押す1.5合炊きの素朴な電気釜をよく使っていました。保温機能などは一切ないタイプです。そもそも保温されたごはんはおいしくないので、不要な機能だと言い切っていました。

その後、陶芸家の大道正男さんに出会い、彼のごはん専用土鍋に一目惚れ。以来、家に帰って土鍋でごはんを炊くのが楽しみで楽しみでと、本当にうれしそうでした。意外に思われるかもしれませんが、コンロで炊くごはんは比較的早い！　そしておいしいのです。前任の電気釜は、これはいい子だから撮影時に使いましょうと、仕事場へ異動。たしかにいい子でよく働いてくれ、いまだに私の仕事場で活躍しています。

近頃興味ひかれるもの

私は菜食とやらにとても興味を持っているのです。といっても、いわゆる菜食主義のごとくに動物性のものは一切とらないといったたぐいのものではなくて、もう少し俗っぽいもの。

つまり日常ではまったくふつうに動物性のものを食べるのですが、「ちがったおいしさ」の発見、「ちがったおいしさ」を作る工夫というかそういうものへの興味です。

菜食といえば昔から日本では精進料理として立派なものがあるし、私も大好きなものでこの分野も大いに興味をひかれるのですが、もっとも面白いと思うのは、一見脂肪もありそうで動物性蛋白《たんぱく》のごとく見え、味や舌ざわりまでそれに似通うのに実はこれすべて植物性なりという料理。仏道からいえば邪道だそうですがキリスト教系のベジタリアン（菜食主義者）料理にはそういうのがけっこう多いんですよ。

精進料理でも京都のお寺で食べさせる黄《おう》ばく料理などは中国の影響をかなり受けているせいか料理にもそれが表われて、形や味こそ魚や肉に似せてはいませんが、野菜だけで作っているとは思えぬ濃厚さと、食べた後の充実感があります。材料が野菜だけで、これだけの味が出せるのかと感心したその頃の思いが尾を引き、精進料理→菜食↓一見動物性風味といった植物性料理なるものに興味津々《しんしん》となってきたのです。

そこでたまたまある雑誌で知った菜食レストランへ行ってきました。

あった、あった。面白そうなのが。

チキンバスケット、ハンバーグステーキ、ミートボール等々。レストランと名がつけば何の変哲もないメニューでも、これらがすべて動物性みじんもなしとあれば面白くてぞくぞくするではありませんか。

いろいろの味を知りたいので、こまごまと入っている幕の内弁当とハンバーグステーキを注文。どれもなかなかおいしく、中でも特に感心したのはハンバーグ。何で作ってあると思います？　小麦蛋白ですって。料理法を工夫すればこうもおいしいものが作れるんですねえ。

洋風の菜食は、ははん大体ああいうもんだなということがわかったので、今度はぜひとも中国料理の菜食を知りたい。と思っていたら、小さいレストランができました。

そのうち『小林カツ代の菜食料理』なんて本をものにするかもしれませんぞ。ベストセラーにするためには〝美容と健康にいい〟なんてキャッチフレーズがいりますな。さすれば著者本人こそもっと美しくならねば。

弟子が語る、その後の話

以前、キッチンスタジオのご近所さんに、料理評論家の山本益博《ますひろ》さんがおられました。マスヒロさんがお見えになったとき、野菜と水だけでスープを作ったことがあります。「師匠、肉とかなくていいの？」「飲んでごらん。今日のスープは、スープストックもブイヨンもいらないよ。この野菜の味がすばらしい」。材料にする生野菜を味見し、今日は水だけでいけると判断したらしい。師匠は料理を作る前に必ず生素材の味見をしていた。野菜との会話の時間があった。

さてこのスープには、ハーブもスパイスも入れない。塩とほんの少しの白こしょう、最後にエキストラバージンオリーブオイルを落とし、「野菜だけよ、マスヒロさん」と、堂々と昼ごはんに突入したのでした。後日、マスヒロさんが何かのコラムにこのスープがおいしかったと書いてくださっていたが、野菜だけでおいしさを出すのは、結構難しいこと。

時折、私も素材と水だけでスープやけんちんなど作ってみるが、あのときのあの味にはいまだならない。うーんやっぱりだめじゃ、とハーブやらベーコンやらを追加してみる弟子なのであります。

きつねとたぬき

　大阪育ちの私が東京へ来て驚いたのは、おそば屋さんのたぬきです。大阪でたぬきというと、きつねうどんをそば台にしたものを言い、つまり甘く煮たお揚《あ》げがのっかっている温いおそばをたぬきと称します。うどんがそばに化けるから、そう呼ぶのでしょう。

　ところが、東京のたぬきは違うんですね。初めて東京に来てたぬきを頼み、運ばれてきたのを見てびっくり。なんと天ぷらのカスがいっぱい浮いているではありませんか。ははん、こっちではおくゆかしくもお揚《あ》げは底の方にしずませているのだなと、おそばを持ち上げて探せど、ひとかけらも見つけることはできませんでした。私はあいにく、天カスなるものは、あまり好きではありません。仕方がないのでおそばだけすくって食べましたが、後できっとお店の人は、あの人なんのためにたぬきを注文したのだろうといぶかったことでしょう。おまけに、その天カスそばが、けっこう高かったのにも驚きました。大阪にも天カス入りはありますが、かけやもりと同じくらい

安く、名もずばり、天カスそば、天カスうどんと言って、めったにありません。所変われば品変わるとは、よく言ったものですね。

私と姉は凝《こ》り性《しょう》で、以前きつねうどんが特においしい店を見つけ、ひまさえあれば二人して食べに出かけました。「そのうちシッポが生えてくるわよ」と笑われながらなお飽《あ》きず、それどころか、自分たちできつねうどんの店を持とうではないか、とまで発展。これなら、毎日お金をはらわずに食べられるし、われわれほどきつねに舌の肥《こ》えた者はざらにあるまいから、味作りは自信があるし、と自画自賛して、本気で店を出す気になりました。それも、きつねうどんだけのお店にしようと。ただでさえそそっかしい姉妹も、一品しかなかったら、間違いようがないですから。

この話にのってきたのが、二人に共通の友人であるK子、彼女もきつね好きとのことで仲間入りしました。まずお店の名前はどういうのがいいかでケンケンゴウゴウ。なかなか決まらぬある日、K子から報告あり、「ひと晩ねないで考えたすえ、すばらしい名を思いついた」。姉も私もワクワクと期待に胸おどらせて聞いた名前が、きついねちゃん⁉　命名者いわく「私、心ならずも太ってるでしょ。来たお客さんが、私を見てとんかつの方が食べたいなと、ひょっとして思うかもしれない。だから、のれんを見ただけで、この店はきつねだけしかないのやなと、わかった方がいいもんね」。

いくらなんでも、彼女を見てとんかつを連想する人がいるとは思えないけれど、他に良い名も浮かばないし、長く待たせたお客さんには、古い歌謡曲の節《ふし》で、カオルチャーン、オソクナアッテゴメンネというのがあったから、きつねちゃーん、おそくなあってごめんねと歌えば、怒るお客さんもあるまいと姉までが変なことを言い出して、一同「きつねちゃん」と店名を決定。

うどんを入れるどんぶりは益子《ましこ》焼き、のれんの図柄は私におまかせ、店の広さは十人も入れば満員というくらいの方が、いつも繁盛しているようで心地よい、イスは荒なわで編んだ民芸調のものが、長く座ってるとおしりがチクチクするからお客の回転が早かろう、等々。計画は着々と進みました。ところが、総仕上げともいうべき何回めかの会合で、突如《とつじょ》として姉が叫んだのです。

「お金がいるやんか‼」

なんという愚《おろ》かさ、三人が三人とも、一番大事なものをとんと忘れて、きつねちゃんの旗あげに夢中になっていたのでございます。よく考えれば、私はまだ学生でした……。

弟子が語る、その後の話

まだ師匠の自宅と仕事場が同じだった頃のことです。小林家の子どもたちが夏休みに入ると、たまに近所の蕎麦屋から冷やしキツネそばを配達してもらい、みんなで汗をかきかきツルツルと食べていたのを思い出します。お揚げさんの甘辛煮と、椎茸の甘辛煮を刻んだのがのっていました。私の姉弟子にあたる節子さん、手伝いのFさん、師匠も冷やしキツネそば。私は唯一のたぬき派で、時間をかけた「きつね」とただの天かすである「たぬき」が同じ値段だなんて、わざわざ注文するなんて変わっている、と言われながら食べていました。

この天かすは蕎麦屋のだから、海老天の味がするんだ……という私の主張を、クスクス笑いながら聞いてくれたものです。その数年後、自宅と仕事場が別々になり、店屋物におけるおかしな会話はピリオドを打ったのでした。本当に懐かしい思い出です。

こんなアイデアいかがでしょ

家内食

私ほど飛行機ぎらいもちょっとないのではと思うのですが。

きらいなんていうよりほんとはこわいんです。ブランコでも高くゆれると「キャー」なんていうほどの人種なんですから、まして飛行機がエアポケットに入ってドッスンドッスンなんてやられると、まったく生きた心地がしません。

それでも飛行機は魅力的、なぜか。まことにいやしくも、機内食が楽しみだからであります（ただし、楽しみにして損したと思うのも近頃は多いです）。

しかし、まあ国際線に乗ると、なんであんなに次々と食べさせてくれるのでしょうね。機内で動き回るのはエアホステス、ホストくらいのものですから、あんまりおなかもすかないはずなのに、みなさんとてもよく召し上がる。もちろん、みなさんというからには私も入っております。

機内食一例！

最近はほとんど冷凍食品だというけれど、けっこうおいしいものがあります。「太るなあ」と思いながらもほとんどたいらげてしまいますもの。

メニューなども参考になるのでいちいちメモしていましたが、そのうちそんなことするのも面倒になるくらいおなかがいっぱいになってウツラウツラ。それなのにこんどは昼食をとって間がないと思うのに早やティータイムにてクッキーやケーキ、コーヒーやカクテルなど出てきます。

「けっこうです」と言えばいいものを「ではほんのひとつ」なんて言いつつ、またまたペロリ。

これでやせたいと思っているのですからわれながら厚かましい。

ま、食べることはともかく、私の気に入ってることは他にもあります。それは機内食の食器のセット、場所をとらず、トレーにきちんと納まって、どれもみんなそろっている、まったく感心してしまいます。

セルフサービスの食堂や学校給食も一応そうなっていますが、機内食のは断然センスがいい、あのセット、分けてくれるといいのになあと思いますが、一般には無理なんでしょうね。

機能的な点で、エコノミーの機内食のは合成樹脂ですが、陶器でこさえたのもすてきだから、どこかがそういうの売り出してくれないかしらん。器のひとつひとつもちゃんと重ねられるよう工夫されてるし、ほんとに参考になります。いつもいつもじゃ味気ないでしょうけど、たまにああいうので食事をしたら、きっと楽しいと思うんです。

そこで私は時々あれを真似て、自家製機内食にあらず家内食をやります。それがね、忙しくてたいしたおかずが出来なかったときなんぞにやるんですよ。

不思議ですよォ、各自お茶わんやおわん、おかずの鉢《はち》に皿、おはし、湯のみなどちゃんとのせますと、なにやらおいしそうに見えるんですから。和風の食べもの屋さん、ちょっとそんな風。器によっては定食屋さん風。

あとかたづけだって楽ですし、よかアイデアとご満悦なんですが、たったひとつ気に食わぬこと、それはね、家だとトレー、つまりお盆がめいめい違う点、だから、テーブルにピシッと納まるって感じにはあんまりならないんです。

だから、やっぱり家内食むきの、すてきなセンスの機内食風をどこかで売り出してほしいもの。そうしたら、あれ忘れたこれ忘れたと、台所を行ったり来たりする回数が少しは減るでしょうから。

弟子が語る、その後の話

師匠が亡くなって二か月後、お別れ会がありました。会場で、「きょうの料理」のディレクターだった若山慧子さんと目が合いました。すると若山さん、「先生の料理で干し椎茸《しいたけ》を戻さずに使うというのがあるのだけれど、あれは本当に戻るの？」。はい。その発想、調理法は、機内食から生まれたのです。

今から30年ほど前、アメリカのサンタバーバラへと向かう機上、シンガポール航空の機内食で師匠は牛のシチュー、私は鶏肉のシチューを選びました。「ねえねえ、ちょっとこの椎茸、もどして煮てないわよ」。ブラウンソースにまみれていたので、正体はさだかでありませんが、おそらくきのこ、おそらく干し椎茸。食べてみると固くはないのですが独特のシコッとした食感で、しっかりした肉の歯ごたえ。違和感ありません。それから二週間後、帰国してすぐに肉団子と干し椎茸の煮物を作りました。椎茸を戻さずに、10分ほど煮込んでできあがり。戻した干し椎茸とはまったく違う仕上がりです。ケース・バイ・ケース、つまりその料理に合ったもどし方で、新しいレシピが生まれたのです。

会場では簡単な返答しかできませんでしたが、若山さん、こういった経緯があったことをここでご報告する次第です。ホント、師匠の発想には驚かされます。

無精流焼き煮豚

真夏はともかく、残暑というのは苦手です。暑い盛りは海へ行ったり山へ行ったりと、なんとか暑さを楽しむというかごまかすというか方法もいろいろあります。でも、九月に入るとそういう気分にもならず、ただただ暑いばっかりのように感じられるんです。

だから、気候温順の時でさえものぐさ科の私は、残暑きびしき候の間は料理のほうもただちに無精《ぶしょう》料理に切りかえ。

ふだんは手をこんで作る料理を無精法にかえてやるわけです。

その筆頭は焼き煮豚。見た目も味もそっくりなのにオーヴンなんて使っていない一見本格調の焼豚なんです。

煮豚をする人は多いと思うんですけど最後の仕上げが焼豚そっくりに見せるところがミソ。

豚肉はかたまりのままを買ってきて、水、しょうゆ、さとう、酒、にんにく、しょうがなどといっしょにコトコト一時間から一時間半くらい煮こむところまでは別に変わったことなし。その間、時々台所へのぞきに行って焼豚をひっくり返すことだけが作業というほっぽらかし料理。

私は料理によくタイマーを使います。

豚肉を煮はじめてから一時間後にリーンと鳴るようにしておき、まだもう少しと思えばまた三十分後に鳴るようセット。

さてさて煮上がったお肉はどう見てもやっぱり煮豚。そこでこれにフォークをさして直火にかざします。これが秘けつなり。くるくる、くるくる焦がさないよう火の上で回すと、いいにおいがプーンとしてきてまさしく焼豚でござる。

でも焦がしすぎぬようくれぐれもご用心。私は一度真っ黒けにしてしまったことがあり、焼豚風というより木炭風といったほうがいいものに仕上がりましたから。

これは日もちがいいのでちょっと多めに作っておいてラーメンの上にがっぽりのっけてチャーシューめん、せん切りにして冷し中華にと、そのまま食べるだけでなく利用範囲もすこぶる多し。それに、オーヴンで作るより断然香ばしい。

話が少々それますが、時々ラーメン屋さんのラーメンの上にのっけてある焼豚の薄いこと！　よくあれだけ薄く切れるなあと感嘆するようなのがあります。よっぽどよく切れる包丁《ほうちょう》を使っているのでしょうけどご苦労なことです。あの薄いひとひらが口の中へ入ったとたん、どこをかんでいいかわからないうち、のどの奥へ行ってしまうんですもの。せめて家ではほどよい厚さに切って、しかと焼豚の味を楽しもうではありませんか。

ただしこの焼き煮豚、たった一つだけ難点あり。それはガスレンジが汚れること。だからすぐ洗ってくだされ。

焼煮豚　作りやすい分量

豚肩ロースかたまり　500gを1本

生姜（薄切り）　2〜3枚

長ねぎ（青い部分）　10cm

〈煮汁〉

酒　½カップ

水　1カップ

醤油　大さじ3〜4

三温糖　大さじ1〜2

【作り方】

① タコ糸で、ぐるぐると肉のかたまりを縛る。

② 厚手の鍋に煮汁の材料と生姜、長ねぎを入れる。フツフツしてきたら①の豚肉を入れる。再びフツフツしてきたら、ごく弱火にして蓋をして60分ほど煮込む。途中で一度裏返す。

③ 肉は取り出す。煮汁は、少し火にかけ、トロッとさせる。これがタレ。

④ 本文のとおり、肉にフォーク2本さして、直接火にかざし全体を焼きつけます。というのが、当時の作り方ですが、今は焼き目をつける携帯用のバーナーがあるようです。

＊保存するときタコ糸を切る。その日に食べるなら、ここでスライス。翌日食べるなら、1本のままラップでキュッと包んで冷蔵庫で保管。冷凍庫なら、コレをさらに袋に入れて保存。2〜3週間美味しく食べられる。そのまま食べてもいいし、チャーハン、ラーメン、丼、お弁当のおかずにも美味しく、万能おかずなり。

なすひとつに⁉

何年か前のことです。

大阪ＡテレビのＴさんから電話。

「面白いこと考えたんですわ、いや考えたんとちがうな、思いついたんですわ」

「どっちでも同じように思いますけど……」

「いやー同じじゃないんですよ。ぼくが思いついたことを小林さんにあと考えてもらえないかと」

そーれきたぞ。ＴさんはＡテレビのディレクター。ゆかいというかおかしなというか、まあ後者のほうかいな（彼も私のことをそう思っているふしあり）。

「はあ、それで」

「野菜で出来るステーキって、どうですやろか？」

「野菜？　いわゆるオイル焼きとはちがうんですか」

「ちがうんですわ、つまりね、ビフテキにおとらぬ野菜のステーキとかなんとか。例えばなすひとつを使って」

「なすひとつ⁉」

「ええ、なすひとつを使ってビフテキを食うのと同じくらいボリュームがあって、とてもなすには見えぬものでおまけに夏バテを解消する……」

そんなうまい話あるやろか。たかがなすひとつですぞ、ビフテキ一枚食べたと同じくらいの満足感があり、なすには見えなくてビフテキに見え、夏バテまで解消するなんてそんなうまい話があったら私がテレビにかじりついて教えを乞《こ》いたい。

「うーん、なすひとつではいくらなんでも」

「無理ですかー、そうですかー、小林さんならなんとか、考えてくれると思ったんですがねえ」

　といかにも残念そうな声。

　たった十分の、それも大阪だけの番組に、はるばる東京からはせ参じていたのは生まれ故郷恋しさゆえではありませぬ。こんなヘンなこと思いつくディレクターや、この番組を作る人たちがなぜか好きだから私はホイホイ通っていたのです。

　だからこそ、期待に沿いたいのは山々なれど、ビフテキの代りになすひとつとはねえ、いや、なすふたつでもねえ。

　ちなみにこの際、成分表をばひもといた。牛肉もも一〇〇gにつきカロリーは一四三カロリー、たんぱく質は二二・三gとある。それに比べ同じくなす一〇〇gにつきカロリーは一八カロリー、たんぱく質はなんと一・一g！　まあないよりましといったところ。水分が九四・一gもあるんですって。

なすをいくつか使ってボリュウムを出し、味もけっこうということになっても、夏バテを解消するには栄養的にとても無理。

「しかし残念だなあ、物価高の折でもあるし、他になにか安いものでステーキになりませんか」

「おとうふのステーキなんてどうかしら」

「とうふ⁉」

しめしめ、今度はあちらが驚いた。前からわが家で時々やるおいしい食べ方なのです。

（現在でこそ、とうふステーキなんてふつうになりましたが、その頃はまったくなかったのです）

木綿豆腐のたんぱく質は牛肉に及ばないけどなすの約五倍ありますからまあいいほう。

「よーし、決定。とうふステーキといきましょう」

かくてビーフステーキの代用品はとうふステーキと相成りましたが、これにて夏バテを解消し、さわやかに秋を迎えられんことをっていうのは、やっぱりちょっと無理じゃないかなあ。

豆腐のステーキ　2人分

木綿豆腐　1丁（400〜450g）
小麦粉　適量
バター　大さじ1
〈てりやきソース〉
砂糖　大さじ1
醤油　大さじ1と½
酒　大さじ1
〈つけ合わせ〉
好みのきのこ　適量
サラダ油　適量
塩　少々

【作り方】

① つけ合わせのきのこは食べよく切る。豆腐は布巾に包んで、皿2〜3枚をのせ、10分ほど水切りをする。

② フライパンにサラダ油少々を熱し、つけ合わせのきのこを炒めて塩をふり、器に盛りつけておく。豆腐は厚みが均等になるように2等分に切る。

③ フライパンにバターを入れて火にかけ、バターが溶けたら、豆腐に小麦粉をまぶして並べ入れる。蓋をして中火で両面こんがりと焼き、②の器に盛りつける。空いたフライパンにてりやきソースの調味料を入れ、火にかけてフツフツさせ、軽くとろみがついたら豆腐にかける。

発見！　発見！

もう二十年以上も前、赤ん坊が生まれた頃のこと、ちょっとした発見をしました。多分、これは母親にならなければわからなかったことでしょう。子どもに与えるのは、最初は無論ミルクだけですが、三か月頃になりますとだんだん離乳食をやりはじめます。そこで私は発見をしたのであります。

さて離乳食というヤツ実《じつ》に面倒なんです。ジュースにしたりうらごしにしたり、時間ばかりかかって出来上がったのは小鳥のエサほどの分量。それだってすっかり食べてくれるなら作りがいもありますが、世間のつき合いも義理もわきまえぬ幼い王女さまや王子さまは、お気に召すまま。こちらは手間ひまかけて作ったんだぞという気がありますから、何が何でも残させじと口へ無理やり押しこむ形となり、ますますごきげんを損じます。ホヤホヤ母親はこれまたイライラしはじめ、親子ともども精神衛生上よろしくない状態になってまいります。

そこで私のごとき怠け者のくせに仕事持ちの親ともなりますと、いち早く市販のベビーフードにごやっかいになりました。ところがこれもまだまだ胃袋の小さい三、四か月の頃は、三さじも食べればオンの字、かといって残ったものをこちらの胃袋へ押しこむには、何とも食欲のわかないドロドロ物質にて勇気が出ません。ポイしてしまうにはしのびないしで、他の道を考えることにしました。

　前置きが長くなりましたがつまりこの、他の道というのが私の発見なのであります。これがまああることあること、ベビーの方がびん詰めに見向きもしない頃になっても、わざわざ買うほどになりました。

　まずおすすめしたいのは、果物や野菜のうらごしびん。これはアイスクリームやブラマンジェ、ミルクゼリーやカラメルなしのプリンなどにとろりとかけるんです。色はきれいだしすごくおいしい。リンゴのうらごしは、カレーを作る時の最後の仕上げに入れますと味がぐんとまろやか。トマトのうらごしはピューレーをほんの少し必要な時にうってつけ。その他野菜のうらごし類、カボチャ、ほうれん草、にんじん、豆、などがありますから、これらはポタージュのバリエーションに。神戸にいた頃、日によってにんじんのポタージュ、セロリのポタージュといろいろかわるグリルかあって楽しみでしたが、家で真似るとなると大変です。それがうらごしびんをちょいとまぜるだけで出来るのですから嬉しいじゃありませんか。

　ほんとはこの発見、誰にも言いたくなかったんです。だって、もし知人がこれを読んだら、以後わが家の料理を見てハハンこれもベビーフードか、ハハンこれもそうかもと、思いをめぐらすに決まっていますもの。それにもし、この私の発見を真似てみようと、うら若き未婚の方たちがベビーフードを物色とあっては、ちと世間が騒がしくなるかもしれません。それでもなおやってみようと思われる方がいましたら、バス停を五つは先の、友人知己のいない町のお店を選び、カツラ、サングラスなど着用の上、お買い求めになるがよろしかろうと存じます。

弟子が語る、その後の話

私が弟子として小林家に侵入したのは、長女のまりこちゃんが10歳、弟のケンタロウくんが9歳の頃。第二次ベビーブームにあたる当時、師匠は子育てに関するエッセイ、離乳食に関する仕事を多くこなしていました。

このエッセイにも出てくるように、にんじんやほうれんそうの裏ごしベビーフードを使ったポタージュには恐れ入ったし、桃の裏ごしをソースと見立ててババロアにかけて食べるデザートはとてもおいしくて、新人の私はその発想の鮮度にますます尊敬するばかり。

残念なことに、現在では、というかすでに私が子どもを産んだ19年前にはシンプルな離乳食はほとんどなくなっていた。おじやとか、白身魚に野菜とか、トマトと何かとか、ミックス状態の謎の複合味ばかり。栄養は満たされたとしても、赤ちゃんの舌の訓練には問題かなぁと思います。赤ちゃんのためにも、新米ママさんのためにも、質のよいベビーフードはいい助っ人になるのにね……。

秘薬

私はあまり化学調味料を使わぬ人種でありますが、秘薬と称する（自称）粉をつねづね調味料として備えております。

と、書きますれば、なにやら魔法使いのごときイメージが湧くではありませんか。エへ、なんのことはない〝昆布茶《こぶ》〟なのであります。昆布茶がどうして秘薬であるのかと申しますと、実に便利な代物で、和風の料理にも中華風料理にも小さじ半分ほどをちょいとふりかけますと、実においしくなるんです。

昆布とかつおぶしのだしってわりかし面倒でしょ、そんな時はかつおでとっただしに昆布茶をパッパで味を足すこともしばしば。炊きこみごはんの時、私はだしを入れないので、もの足りないと思う時はやっぱりパッパ。この方があっさりしていていいし、おみそ汁の味がちと物足らぬというときや、すしごはんを炊くときも、こんな具合に、かくし味として使います。時間がある時は、もち本当の昆布をベローンと入れますが。

ところがある時見事に失敗。デパートで最高の昆布を使った混ぜものなしの昆布粉というのが目につき、早速買いました。効能書には高血圧によく効《き》き、美肌をつくり、緑つややかな黒髪になるとあります。

ちょうど夫の母が遊びに来ていて、最近ちょっと血圧が高いなんていってましたから、使うことにしました。

その日、上等のかつおでとっただしでこっくりと煮含めた野菜や高野豆腐は、うれしいくらいよく出来ました。そして火を止める少し前、小さじに一ぱい強の最高、混ぜものなし昆布粉をさっとふりかけたのでございます。

どうなったと思います？　見るも無残にヘンテコな色と化してドローリとなり、そして今度はモロモロッと昆布粉が野菜や高野豆腐の上でかたまりましたの。悲しかったです、実に。

つまり最高であるがゆえにヨードたっぷりの地の厚い昆布を、混ぜものもせずそのまんま粉にしたものであったわけ。ドローリとなるは当然、モロモロッとなるは当然、ヘンな色になるのもまた当然。煮物などに使うべきものでなかったのです。湯のみにでも溶いて、朝夕、漢方薬のごとくに飲むものであったらしい。

そこで私はわが家の秘薬のほうをとくと眺めたのであります。すると、なにやらキラキラ光る結晶が混ざっています。

なんたること！　化学調味料ではございませんか。秘薬なんぞと称して、ありがたがって使っていた中身に、めったに使わぬ主義の化学調味料が少量ではあってもちゃんと入っていたとは皮肉な話。それにこちらは昆布茶というだけあって、まぜてしまえばすぐに溶けるよう加工されているらしいです。

あなたも、化学調味料を使うより、この秘薬、使ってみてはいかがかしら。といっても、いつもいつも使うのではなく、たまにです。あくまでもお助け的存在に、ね。

弟子が語る、その後の話

化学調味料とは、今でいう「うまみ調味料」のこと。みそ汁など作ったとき、なにか物足りない（つまり、おいしくない）ときにはインスタントのかつおだしをパラリと入れちゃう、といった補佐的な「お手伝い」には便利です。メーカーの表示の半分以下、ギリギリの線で使うこと、と料理教室の生徒さんによく言っていました。

とはいえ、小林家でそうした「秘薬」を使っているのを私は一度も見たことがありません。台所にあったのは、昆布、花かつお、あご、煮干し、雑節。洋風ブイヨンや中華だしと違って、日本のだしは、乾燥していてすぐ使えるようになっているものばかりだから、インスタントだしを「スピード料理」（今では「時短料理」）として使うことはないのに、とよく言っていました。おいしければいいけれど、明らかに味も香りも落ちるものを、たった1分ほどの違いで使いたくない、と。

おいしいみそ汁は日本料理の代表です。1分がおしいくらい、時間のない国になっちゃったのかな。あのひと口は、1分延長の「無駄」に代えられないくらいの贅沢と幸せを呼ぶはずです。

ミセス・グラハムに学んだこと

ある日曜日、知り合ったばかりのアメリカ人の家庭に家族といっしょに招かれました。お昼をごちそうになったのですが、とても勉強になり、楽しいランチでした。

メニューは、ハンバーガー、サラダ、ポークビーンズ、ポテトチップ、飲みもの。

こうして書いてみると、なーんだふつうじゃないかと思われるでしょう。でも、人のもてなしかた、料理のしかた、食器のことなど、参考になることがいっぱいでした。

ふつうなら前もって作るであろうハンバーグを、ランチの時間が近づいてからミセス・グラハムはゆうゆうと玉ねぎをきざみました。ミスター・グラハムが呼ばれて台所へ行き、こんどはわが夫が呼ばれました。テーブルセッティングを手伝っていた私がのぞくと、ミスター・グラハムと二人でせっせとハンバーグを焼いてます。それはとても楽しげでした。あとで夫に聞いた話では、ハンバーグの味のもととなる粉末があって、それをパッパカパッとふりこめばいいんですって。

そこへ飛び入りの若いご夫婦の訪問がありました。（あったいへん、お料理足りる

かしら）と少なからずあわてるところを、ミセス・グラハムはにこやかに、ちょうどいいときにきた、これからみんなでランチにするところだからぜひいっしょにと言いながらお皿やフォークをふやします。

なるほど、焼き上がったハンバーグは山のようだし、サラダは馬に食べさせてもいいほどの量だし、ポークビーンズもたっぷり。これなら二人くらい突然ふえても困るどころかまだ余るのじゃないかしら。

ハンバーガーは自分たちでパンにいろいろなものをはさみます。辛子、ケナャップ、マヨネーズ、バターなどぬりたくって、ハンバーグ、トマト、レタス、ピーマン、チーズ、ソーセージなど、やたらはさみます。合い間にポテトチップをポリポリ。びっくりするほど大きなコップに好みの飲みものを注いでゴクンゴクン。

みんなで作ったと思わせるこれらの食事はほんとに楽しいものでした。たいへんだったでしょうとかいって気をつかう必要もなく（ほんとはやっぱりたいへんだったでしょう）夕食のディナーならこうはいかないにしても、軽いランチの雰囲気作りにはとてもいいなと思いました。それでいてちゃんと満足するのですから。

人を招くというと前の日からてんやわんやする人が多いのに、これは見習うべきことでした。食事が終わると、客である私たちもいっしょになって、ワイワイ言いながら台所で片づけものをしてしまいました。はじめての家、はじめての台所、しかも言葉の通じにくい外国人の家庭、そんなことをすっかり忘れさせるミセス・グラハムのもてなし方は、私たちまでせっせと働いたにもかかわらず、とても心あたたまるものでした。

残った料理はあとでシチューになって登場するんだと、ミスター・グラハムはいたずらそうに片目をつぶって見せました。私たち日本の家庭で、夫婦そろって招き上手（変な言葉ですが）というのはあまりいないし、だからこそ人を気軽に招いて楽しむ習慣もまだまだという感じです。

ミセス・グラハムは二九歳。いかにもアメリカ人という感じです。二歳、四歳、六歳、それもオール男の子のお母さんですからすごく忙しい人。でもちっともそうは見えません。家の中もきれいに整頓されていましたし、台所なども油じみひとつありませんでした。

料理を作ることも大好きとのことでしたが「I like cooking」といわずに「I love cooking」といわれたのがとても新鮮に聞こえました。

他の話だと夫に通訳してもらわないとおぼつかないことも多いけれど、料理の話となると話が通じるのは不思議。

お昼に出されたポークビーンズがとてもおいしかったのでぜひにと作り方を聞きました。

彼女はよくぞ聞いてくれたといった嬉しそうな表情で、

「ポークビーンズはみんな喜んでくれます。ただしこれカン詰め。でもね、おいしく食べるためには二つ三つすることがあるんです」

ふつうは、カン詰めのポークビーンズを使うといったら、せいぜい温めてそのままお皿にと思いがちです。

ミセス・グラハムのやり方はそうではありませんでした。耐熱性の器に移してオーヴンでグリルするのです。

「オーヴンに入れる前に味つけに秘けつがありますのよ。赤ざとうを小さじ一ぱい入れることと、忘れてならないものがもうひとつ」

そう言って眼がにこっと笑いました。

「なんだと思います？」

「さあ……」

「それはね。市販のマスタードも小さじ一ぱい加えるんです」

「マスタード⁉　あの、サンドイッチなんかにつけるびん入りのマスタードですか？」

「イエス、イエス。びっくりしたでしょう」

今まで私はいつもポークビーンズは生のお豆からコトコト作ってましたけれど、それでも何かもの足りない味でした。ましてカン詰めなどもっとおいしくなかろうと買ってみようともしなかったのですが、この際断然グラハム家風ポークビーンズを作ってみることにしました。

ポークビーンズのカン詰めって、そんなに高くありません。味のほうは、もしそのまま使うとしたらあまりたいした味ではありません。私はケチャップと水もほんの少々加えました。ケチャップが甘いのでさとう（赤ざとうがなかったのでふつうの白いさとう）はひとつまみにして、マスタードは忘れず加えてオーヴンで約三十分。

グツグツと煮立ったポークビーンズはグラハム家で食べたのと同じくらいのおいしさでした。味もさることながら、マスタードを加えるととてもいい香りがするんです。いまやマスタードを入れないポークビーンズなんてというところ。

他にも面白いなあと思うことがいくつかありました。

料理の本はごまんとあり、外国の料理も数多く紹介されるようになりましたが、こんなちょっとした工夫のあることを書いたものはめったに見かけませんね。

ふだんなにげなく使ったり作ったりしている料理も、ほんのちょっとしたことでひと味もふた味も違う味にすることが出来るのです。それらは本からだけの知識では無理。

ミセス・グラハムに教わって以来、さまざまな国の料理好きと交流する機会をもっともっと得たいものとそんな気持ちになった次第です。

マスタード入りポークビーンズ　2〜3人分

いんげん豆（キドニービーンズ）缶　1缶

玉ねぎ　¼個

牛挽き肉　100g

サラダ油　小さじ2

＝A＝

塩　小さじ¼

マスタード　大さじ1

ローリエ　1枚

トマトジュース　1カップ

固形スープの素　1個

ウスターソース　大さじ2
ケチャップ　大さじ1
チリパウダー　少々
パプリカパウダー　少々

【作り方】

①玉ねぎは縦薄切りにする。豆は缶汁をきっておく。

②鍋にサラダ油を熱し、玉ねぎ、牛挽き肉を炒める。肉に火が通ったら、豆を加えて炒める。

③全体が熱々になったらAの材料を全て入れ、フツフツしてきたら弱火にし、時々混ぜながら蓋をして30～40分煮込む。

こくのあるシチューを作りたい人へ

　私の友人のKさんは、料理は苦手、作るのキライとつねづね言っているくせに、時々あきれるほど手のかかったものを作って、人をびっくりさせるんです。ふだんはすごいんです。アジの焼いたのがおかずとすると、ほんとにそれだけ。大根おろしもおひたしも煮物もなし。

　そんなKさんがね、二、三日前に本格的シチューを作りたいから教えてって言ってきたんです。ブラウン色の、こくのあるビーフシチューが食べたくなったんですって。

「だけど、あの色にするの大変なのよ。小麦粉や玉ねぎをゆっくりと、そうねえ二十分以上はいためないと……」

「二十分以上も小麦粉をいためるの⁉」

「そうよ、いいとび色にするには弱火で四十分くらいかかるときもあるんだもの」

「ふーむ」

　Kさんはうなりつつも一応は作り方をメモして帰りました。

　そしてある日、シチューを煮たから見てほしいと電話で言ってきたんです。同じマンションでしたからすぐ行きました。

なぜか彼女は嬉しげに、にたにたを通りこして、

「ウシシシ」

シチューなべのふたを開けると、おやまあとてもいい色！

「へー、やったわね、あなたにしてはすごい努力、色もいいし」

すすめられて試食しました。はじめてにしてはなかなかこくのある味が出ています。

「えへへ、いい色でしょう、なんだと思う？」

「なんだと思うったって、小麦粉をいためた色でしょ」

「と思うでしょう。ところがさにあらず。そんな、あなたの言うように長いこといためてなんぞおらりょうか、そこでちょいと色つけに入れたものがありましてね」

「またまた何かでごまかしたな」

「イエス、まあ当ててみてよ」

まず誰でもやりそうなところから。

「ケチャップとソース」

「ノウ」

「おしょうゆ」

「ノウ」

「わかったゾ、おみそでしょう！」

「まさか。うん、でもそれもいいな、今度やってみよう」

「なに言ってんのよ、うーんわかんない」

「降参する？」

ウシシ、えへへをくり返し、Kさんは食器だなを指さし、

「これとこれ」

なんだと思います？　読者のみなさんも多分まずおわかりになりますまい。

彼女の指さしたものは、ココアとインスタントコーヒーの缶とびんでありました。

弟子が語る、その後の話

仕事柄海外に行くことが多く、また、好奇心旺盛だった師匠。まだ自宅が仕事場だった頃、語学力が必要だと言い出し、行くひまはないから来てもらって一緒に習いましょうと、「料理に興味のある英語圏の外国人」という条件で近所の英語学校に講師を依頼しました。すぐ見つかり、カリフォルニアでレストランを経営しているというスミス夫妻が定期的に小林家に訪れることになりました。ブルース・スミス氏は料理人ではありませんでしたが、彼のオリジナル料理を英語で習うことになったのです。

当時、ひどく驚いたレシピがあります。

それは、20本ほどの赤唐辛子とブラックチョコレートで鶏肉を煮込んだもの。当時都内にメキシコ料理の店も多くなく、チョコ＝甘いお菓子という先入観があったため、積極的な味見ができませんでした。ブルースはメキシコ料理について熱く語り、ベストな板チョコがないと残念がっていましたが。

やがてスミス夫妻は帰国、その後、料理までわかる英語の先生は見つかりませんでした。しかしながら、スミス夫妻との出会いは師匠の人生において、その後大いに影響を与えたと思います。それに、Kさんのような発想をする人も、師匠に刺激を与えていたのではないでしょうか。今やカレーやシチューのコクを出すのに、チョコレートをひとかけ入れるのはポピュラーな技ですが、当時にしては画期的な案ですものね。

面白きものなり

デパートのおそうざい売り場をのぞいたことがありますか？

私ね、デパートと限らず、おそうざいを売っているのを見るのって大好きなんです。よく、主婦がおそうざい売り場にウロチョロいるなんてもっての外と言われるでしょう。おまけに私なんぞ主婦どころかプロとして、毎度おなじみ料理研究家、その私が見るだけでなくて売っているおそうざいを嬉々として買ってくることがあると知れたら、なんて言われることか。でもね、私はありとあらゆる料理に興味があるんです。デパートの地下のだって、市場の中の小さいおそうざい屋さんのだって。

ひとり暮らしの女性や、たまにデパートに出かけても帰ったらすぐ食事のしたくが待っている主婦が、疲れた体を引きずるようにして台所に立つよりは、おそうざい屋さんの間に合わせを時には買ってきてもいいと思うのです。

私の場合はそういったことよりも、ただただ面白いのです。食卓にのせるということより、興味の対象としてつい買ってしまうのです。一体どんな味かしら……と。心配なものは一度火を通してから食べてみますけれど。

料理の本などではお目にかからないようなのがいっぱい並んでいるんです。

春雨をマヨネーズであえるなんてあまり考えたくないようなものがデパートの地下にはあります。春雨とゆでたキャベツときゅうりとハムときくらげ。カン詰めのみかんまでチラホラ入れたマヨネーズあえ。ヌタはいつ見てもわけぎではなくて太い東京ねぎ。ゆでたねぎのぶつ切りとわかめとイカの足。ゆでたにんじんが色どりに入っています。ヌタはわけぎと決めてかかっていましたが東京ねぎの太ーいやつでも実においしそう。

ふきの油いためという代物は〝ふきは色を逃がさぬよう美しくゆでましょう〟てなことという人に見せたいくらい色が逃げてしまってるもの。こってりと油でいためてから煮たらしく、買わなかったけど家でやってみました。ゆですぎるほどゆでて油でいため、甘辛じょうゆの味をつけたらお弁当のおかずにぴったりの味。

海藻サラダとあるのは何のことはないわかめの茎《くき》の寄せ集め。ゴマがいっぱい散らばってってなんとなく美容に良さそうに見えます。味もまあまあでした。

売ってる高野豆腐の煮含めはたいてい切らずにそのまま。高野豆腐は家でも切らずに煮て、切らずに盛りつけているのですが、はしでちぎりつつ食べるのも、なかなかおいしく感じます。おから（うの花）の煮つけはゴマ油の香りがとてもきいていて中華風。いい味でしたよ。私の母もよくゴマ油を使っておりました。

食べに行く外食にはうしろ指を指さないのに、なんでおそうざい屋さんのを買うことには白い目をむけるんでしょうね。それぱかりをでんと食卓にのせる人なんてまずいないと思います。体の調子が悪かったら無理していろいろ作るよりはたまには高野豆腐の煮含めでも買って来て、少し水をさして煮返し、冷凍のグリンピースでもあればそれも加えて卵とじにでもすれば立派。とにかく体をいたわることが第一。

料理のレパートリー不足の人は何も買わなくてもおそうざい売り場をとくとごらんあれ。ありとあらゆるものがありますから。

料理をするのも食べるのも食べさせるのも好きだからこそ私はヤジ馬。ちょっと気のつかない知恵がいっぱいかくされてるおそうざい売り場、あなたも一度じっくり見てごらんなさいませ。

弟子が語る、その後の話

小林カツ代という人は、筋は貫きますが、カチンコチンの頭ではありません。作る以上に食べることが好き、それに加えて好奇心のアンテナを常にピピピッと張り巡らせていましたので、おいしいものがあるという噂に出くわせば、デパ地下でもどこでも、買わずに通り過ぎるといったことはしませんでした。どれどれと買って、まず一口。「どうしてこうも化学調味料が多いのかしら」と嘆くことがほとんどでしたが、好奇心は揺らぎませんでした。

印象的なことばがあります。「市販おかずはひと口めでおいしいと思わせる味つけにしている。それに対して家おかずは、最後まで食べて、あーおいしかったと言わせるように仕上げること。ここに大きな違いがあるの」。スタッフをはじめ、料理教室の生徒さんによく語っていました。

市販おかずに楽なひと手間を加え、おいしく食べる工夫を雑誌などに紹介していました。たとえば、買ってきたサラダにトマトやレタスを追加する、煮豆にヒタヒタの水を足してもう一度煮る……というような、ごくごく簡単で単純なやり方です。「せっかく買って楽しようという目的をお忘れなきようにね」。そんなことばも付け加えていましたっけ。

あなたも、もしおかぜなら……

めずらしくかぜをひく年というのがありました。

私は昔から冬に強く、春はまあまあ、初夏から夏にかけてだんだん弱く、真夏はとんとだめ。秋がもっとも快調でそのまま冬に突入という次第。といっても病気はめったにしなかったんです。ところがその年は春先からかぜを引きはじめ、なおってはぶりかえし、ねこむほどではなかったのですが何より困るのはかぜのせいでハナがやられにおいが鈍くなり、それに味がよくわからない。これは実に困りました。ものの味がわからなくなるタイプのかぜだけはほんとに困る。私、料理が仕事ですもの。

それだけでなく、まず第一に食べる楽しみが半減以下。作る楽しみもかなりそがれるし、家族にいちいち「どうお？　からくなーい？」なんておうかがいを立てなくちゃあならないなんてこの腕が泣きまする。かぜがピークの時は塩からさがあまりわからなくなるのです。甘さのほうがまだ少しはわかるのですが。しかし味がよくわからないということは何を食べてもおいしくないということであって、生きる楽しさの何分の一かは確かにうばわれます。その中でただひとつおいしさを感じるものはコーヒー。

ゆえにひたすらコーヒーを飲みました。かぜ薬を飲みコーヒーを飲みという何日間。とうぜん胃までおかしくなってまいりました。私ともあろうものが、かぜの数日間はとんと食べものに興味を示さずひたすらコーヒーを飲んでいたんですから……。

こりゃいかん、どうあってもなにか食べずんばと思ってある夜作ったのがワンタン、これならまあ軽いから……。

ワンタンといえばもうずいぶん前に出した私の本の中で〝まぼろしのワンタン〟という詩を書いたら、それはそれは多くの人から問い合わせをいただきました。まぼろしのワンタンの作り方をぜひ……ということでした。ワンタンなんてなんとなく頼りなげな食べものなのに好きな人がずいぶん多くて驚いたものです。

さて、まぼろしならぬ現実のワンタンの話。近くの肉屋へ材料を買いに行ったらあいにくワンタンは皮がなくてしゅうまい皮のみ。まあ同じことよとそれと赤身のミンチを少し買ってきました。とにかく素朴なワンタンしか食べたくないのでにらとしょうがをみじん切りにして豚ミンチと同じくらい入れてまぜ、それにゴマ油、塩、酒、しょうゆで味つけしてワンタンの中身にしました。

スープはとりがらとかつぶしに、にんにくとしょうがを一片ずつ香りづけに入れてこっくりと煮こんだもの。別に今年の新わかめをたっぷり戻して入れることにしました。ワンタンは別なべでゆでて器に入れ、わかめをほうりこんだ熱々のスープを注ぎ、きざんだわけぎを散らしてこしょうをパッパ。

味はやっぱりあまりわからなかったけど実においしく感じました。家族もおかわりを何度もするほどだからかなり出来ていたらしい。

なんとなんと、翌日、うそみたいにかぜがなおっていたんです。ハナもすーっと通ります。味もわかりそう。これからは、かぜを引いたらだんぜんワンタンにするつもり。それも今書いたワンタンと一字一句ちがわぬワンタンでなければなりませぬ。しゅうまい皮にするかどうかだけちと迷うけれど、ま、これくらいはどちらでもいいでしょう。

とにかくワンタン以来かぜのぶり返しもなし。もしあなたもかぜでお悩みなら、今夜ワンタンになさっては？

弟子が語る、その後の話

晩年の師匠は、「疲れたと思うときほど、何を食べたら心地よいか、体が欲するものを自分の体に聞かなきゃだめ」という話をよくしていました。スタッフのひとりで、中医学と薬膳を勉強して独立した渡辺有紀さんに、このレシピの有効性を聞いてみたところ、おおよそ次のようなお返事をもらいました。

「胃腸にやさしく、体をあたため、疲労回復に効果的な食材がいっぱいです。豚肉は薬膳では体を潤し、にらは冷えからくる痛みなどをやわらげます。豚肉とにらの組み合わせは、食欲増進・疲労回復をはかるのにもってこいです。しょうが、わけぎは体をあたため、発汗、解毒作用があり、かぜの初期症状におすすめです。さらに、私が最も注目したのは、なぜカツ代師匠がとりがらだけでも十分おいしいスープにかつおぶしを追加、そして普段は入れていなかったわかめも入れたのかということです。ちなみに、かつおは腎や胃腸の働きを助け、体内の余分な水湿を排泄させるなど、体力が落ちているときによい食材。わかめなどの海藻類は、体内に停留する余分な水分や痰などを取り除く働きがあるとされています。『うそみたいにかぜがなおり、ハナもすーっと通』った理由は、師匠の体がごく自然に、薬膳的にもどんぴしゃり、の食材を欲し、なかでもかつおとわかめの投入が底力を発揮したからではないか、と思えるのです」

……だそうです。ためしてみる価値はありそうですね。

相性よきもの

　変わった料理をちょっとご紹介しましょうか。すっごく簡単、日本画を習っていた時、先生である融紅鸞《とおるこうらん》先生に教えてもらった料理なんです。

　材料は豚肉とキャベツと塩だけ。なべに洗ったキャベツの葉を大きいままひろげて、その上に薄切りの豚肉を並べ、またキャベツの葉、豚肉、といった具合に段々につみあげていき、最後に塩をパッパッと振ってふたをぴっちりします。これで用意万端おわり。といってもこのままムシャムシャ食べるわけではなく、やっぱり火にだけはかけなくっちゃなりませんが。水は一滴も入れないんですよ。火は、そうですね、中火の弱といったところかな。いいかげんのところでちょいとのぞき、上の方の豚肉がすっかり色が変わり、キャベツがクチャッとなっていればいいわけ。一番底の肉やキャベツが少し焦げて良いにおいがします。塩もほどよく下までまわっているはず。

　私はこうして出来上ったものをばかていねいに耐熱ガラスのなべか土なべのような、そのままでも食卓に出せるおなべにポンとあけて、またほんのちょっと加熱します。さすれば焦げたのが一番上にくるでしょ、形もいいし、いかにもおいしそうですから。いいえ、おいしそうだけじゃなく、ほんとおいしいです、キャベツと豚肉ってすごく相性が良いんですのね。

これはほんとに庶民《しょみん》の料理ですから、肉は少し脂のついた出来るだけ薄切りの並肉をたっぷり使うに限ります。私は三枚肉のいわゆるバラ肉の薄切りが好きです。そうそうベーコンを使ってやってみてもなかなかいけました。ベーコンはなるべく薄いので。この場合、塩は振りません。

まったくこのように簡単な料理なのですが、これ、なんと、れっきとした西洋料理なんですって。何かで読んだことあるんです。以来、私は来る人ごとに自慢して教えていましたが、ある人がこしょうも振った方がおいしいでしょうね、なんて言ったものだから、さもありなんと思い、早速、塩を振る時にこしょうもいっしょにパッパカ振りこみました。

だーめ、ぜんぜんだーめ。というのも、塩は溶けてちゃんと下の方までしみわたるのに、こしょうのやつは一番上の豚肉かキャベツの上にでんと腰をすえてまったく動きません。ふたをあけた瞬間、きたならしいやら鼻の奥底までつーんとくるやらで一番上のは捨ててしまわざるを得ません。ホイホイ言うこと聞いて損をしました。でもお皿に取り分けてからこしょうを少し振って食べましたら、塩だけの時より確かにおいしかったです。

またまたある人は、アタシはもっといいお肉を使ってみるわとのたまって、ヒレ肉の上等を少々厚めに切ってやったらしいのです。さっきも言ったように、これもだーめ。塩味がきかないし、キャベツに肉のうまみが移らなかったそうです。

ただ、この西洋料理、パンにもごはんにも合い、簡単でいたくおいしいのはいいのですが、いけ好かない点は初めはやたらかさばって、いかにもたくさん出来そうなのに、キャベツという代物がペッチャンチャコになってしまうことです。それに、パンやごはんに合うと言いながら、実はペロリンペロリンとすごく食べてしまって、オードブルみたいになってしまうことです。

だから、思ったより多めにキャベツを使い、なべ一杯にぎゅうぎゅう詰めにした方がいいでしょう。もっともキャベツばかり増やして、豚肉をけちりにけちったりしたら、舌に残るはキャベツの味ばかりということにもなりますゆえ、そこは適当に。

ま、一度やってみてください。ご成功を祈ります。

弟子が語る、その後の話

食材の相性はとても重要でして、この相性を尊重しなければ生まれてこないおいしい料理は実はたくさんあります。たとえばすき焼き。薄切り牛肉、長ねぎ、しらたき、焼き豆腐、春菊。ここへ栄養パーフェクトを目指そうとあれこれ入れ始めたら、おいしさを失ってしまいます。

冬になり、白菜がおいしくなると師匠がよく作っていたのが、白菜と鮭缶を煮るだけの鍋料理でした。水は入れず、フタをしてコトコト10分煮るだけ。あとはしょうゆで食べます。この料理を撮影して紹介したいと言うと、編集担当者が顔を曇らせることがしばしばありました。にんじんとか、きのことか入れませんか？　鍋ですし……、あまりにシンプルな見栄えで物足りないようなのです。しかし、相性のいいもの以外は入れない、組み合わせないほうがいいケースが山ほどあるんです。

白菜と鮭缶の鍋は、おおらかな編集担当者によって堂々と紹介することができました。その人、荻原朋子女史との仕事をもうひとつ紹介しましょう。オーブントースターにヘタを取ったオクラをのせ、チーズをのせて2～3分焼いたレシピを掲載したことがありました。これで見開き2ページです。横にいた私ですら、これで2ページとっていいの？　とちょっぴり不安になりましたが……。この本？　はい、よく売れたと思います。『小林カツ代の簡単おかず』（家の光協会刊）にございますので、気になった方はご覧になってみてください。小林カツ代という人材を120％活かした編集者の一人との、忘れられない仕事でした。

三五八漬

三五八漬と書いて、サンビャクゴジュウハチ漬けなんて読んでくださるな。これはサゴハチ漬けというのであります。なんてえらそうなこと言ってますが全て受けうりです。

さてこの、三五八漬なるもの、山形とか福島の読者ならご存知の方も多いことでしょう。それらの土地に昔から伝わるお漬けものと聞きましたから。

これを私にごちそうしてくれたのは友人のワコさん。彼女は私の親しい人のそのまた友人だったのですがひょんなことから仲良くなり、家までのこのこ遊びに出かけて夕食までいただく仲に。

聡明な女は料理がうまいとはまさしくそう、人形作家であり妻であり一児の母である彼女の手になる料理はすべておいしく、当時四歳のわが息子なんぞワコさんの焼いた食パンを三枚もたてつづけにたいらげ、シチューパクパク、三五八ポリポリ。

ワコさんは山形出身。三五八漬はお母さんから教わったものとか。ナタでわったようにに荒く切ったきゅうりの三五八漬はさっぱりとしたとてもいい味でした。そこで根ほり葉ほり製法を聞いてきた次第。

もっとも漬けものそのものは別に目新しいわけでなく、いわゆるこうじ漬けなのですが、私など「さあこうじ漬けを作るぞ！」と大さわぎして作り、「大変な思いをして作ったのに食べるのがはやすぎる」とブツクサ。ところが三五八漬という名の面白さと由来を聞いたとたん、すごく簡単に思えてきたのです。

三が塩、五がごはん、八がこうじ、これを時々よくかきまぜておくとおいしい床が出来るとのこと。発酵《はっこう》してきていい香りになってきたら小出しにして即席漬けの容器などできゅうりや大根をからめて押しをすればいいんです。その際きゅうりや大根は大きめにぶつぶつ切っておいた方が漬かりが早いし床も少なくてすみます。一夜漬けでもいいし、夜に食べるのなら朝漬けてもおいしい。

べったら漬けなんてほんとなら、一本何百円もするのが自家製でほいほい。太めの大根だったらたてにいくつかに切ってからよくなれた三五八に漬けこんで重石をしておけば何日かたつとべったら漬けの出来上り。

一度使った床（三五八）は水っぽくなっているので使いませんが、元の別にとってある新しいものには時々塩やこうじや残りごはんを足してよくならしておくといつまででも保ちます。そのころはもう三五八、とはっきりしていなくても大体のところで結構おいしくなっていくらしい。とはいってもこのところごはんがよく残るからとやたらに放りこんでは三五漬になって味が落ちるのは必定。このお漬けもののいい点は洋風の食事の時でもよく合うこと。お酒のさかなにいいこと。

私はかぶらずしが大好きなのですが（すしというのは名称で実際はいわゆるすしではなく、かぶに塩さけやぶりをはさんでこうじに漬けこんだもの）、手がかかるのでおっくうだったのですが、三五八漬を覚えたので、今度はこの床でかぶらずしを作ってみるつもり。

そうそ、ワコさんの話では暑くなったら出てくる小なす、あれを丸のまま漬けこむと実においしいそうです（辛子を入れれば辛子漬けになる）。

というわけでそれ以来三五八漬にぞっこん。思えば私も単純な人間ですなあ。

弟子が語る、その後の話

日本人の食にとって、切り離すことのできないもののひとつに「麹《こうじ》」があります。麹がなければ、みそもしょうゆもありません。このエッセイにある話の数年後、すでに三五八漬の漬床を自分の家でつくることは少なくなり、市販のものを使うことが一般的になったようです。

師匠の三五八漬への情熱がひと段落ついた頃、ぬかみそ熱がやってきました。「六月！　今からぬかみそ漬けを作ると八月には本格的においしくなるわ。そうだ、母のぬかみそはおいしいのよ。ビールで作るの」。私が、「えっ、ビールの大瓶使うんですか⁉　もったいないですね。飲む方がいいなあ」とこぼすと、「あなたが飲むほうがもったいないわよ。どうせ出しちゃうんだから」と返され、確かにと思いました。

「こういうのがあると献立がよくなるでしょ。ことにきゅうりとなすがいいわ」そう言って、仕事場でぬか床を始めました。時はバブルの絶頂期で、かっこよく働く女性はぬかみそくさくなることを好まない時代でした。美容に興味のあるMちゃんが、ぬかに触ると手がきれいになるからと、毎日熱心に手入れをしたものです。その後、ぬか床はMちゃんの家にお嫁に行きました。

　師匠が亡くなって数か月後、なんだかぬか床が作りたくなり、今、私の事務所にはぬか床があります。毎日手を入れ、何か、漬けます。それほど食べられないので、来た人や時には生徒さんにまでおみやげに渡したります。大根のぬかみそ漬けを食べつつ、今日も、お会いしたことのない師匠の大阪のお母さんを思ったりしています。

道具の話

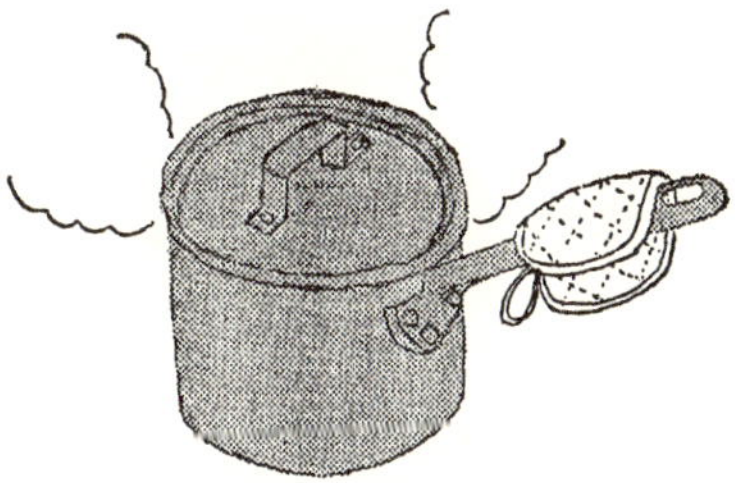

あなたはどちら？

よく雑誌などで、きれいさっぱりなーんにも出ていない台所がのっていることがあるでしょう。なべも、ボールも、ざるも、しゃもじも、すっかり姿を消して、あるのは調理台セットばかりなりっていうのが。まさにわが家の台所と対照的。

私は、インテリアの写真を見るのがむやみに好きで、ひとさまのすてきな家を見ては、ため息が出るのですが、台所だけはあまりうらやましいと思いません。

いえいえ、ひがんでいるわけではなく、あの無人化した台所に、シチューを煮るおいしそうなにおいや、ヌタを作るすりこぎの音がするとはどうしても思えないからです。清潔そのものの台所はすばらしいに違いないけれど、底の焦げたなべや使いこんだフライパンが、ところを得て並び、ぶらさがっているといった台所のほうがより好きなんです。わが家のはちと並びすぎ、ぶらさがりすぎ、焦げすぎではありますけれ

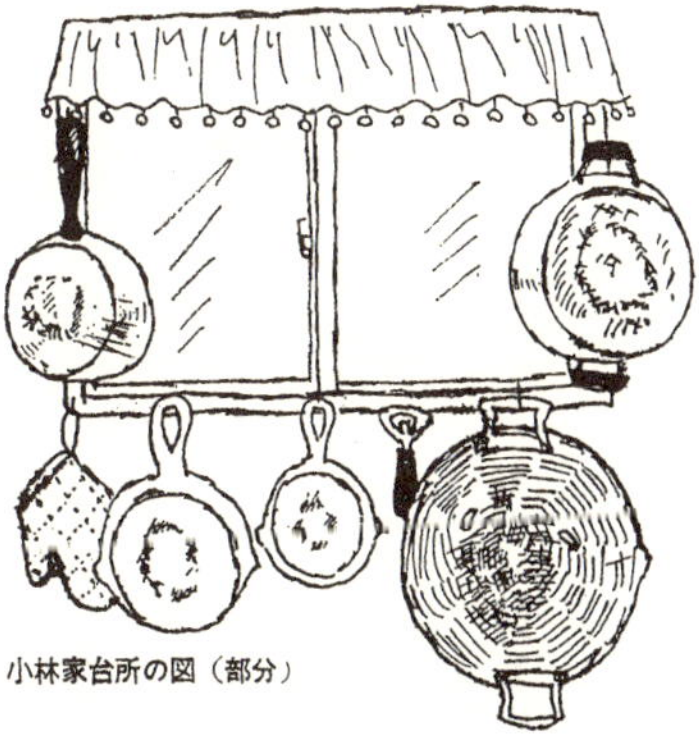

小林家台所の図（部分）

ど。

以前、テレビの仕事で、名の通った何十軒もの料理店の台所を多く見る機会を得ました。

どのお店の台所にも、ピカピカに磨きたてられたなべ、あるいは脂がしみこんで、そのなべ自身味がするのではと思えるシチューパン、「きょう、新しいのをおろしたのですか」と思わず聞いた美しいつやの出ている二十年前のざる、それらを目で見、手でさわって、私はどれだけ多くのことを学んだかしれません。

意外に思ったことは、台所がせまいことでした。ホテルとか大きなレストランは別にして、たいていのお店の台所がせまいとゴタゴタしやすいものですが、使い勝手よくさまざまの器具が並び、煮たり焼いたりの仕事が次々続くにもかかわらずいつもきれいに整頓されていて、立派なインテリアになっていました。

何も出ていない清潔そのものの整理のいき届いた台所にくらべ、暖かさのあるインテリアとでもいいましょうか。

私は目を皿のようにして、料理の作り方だけでなく、なべのぶらさげ方、調味料の置き具合まで、ジンジロリンに眺めてきました。

そこで発見したことは、出しっぱなしの整理学といえるもの。これも私にうってつけ、せまい台所を使いよく、見苦しくないようにするにはこの法が何よりですから。ぶらさげるだけでなく、調味料入れやボールの色を二色くらいに決めて色を制限するとかなりすっきりするし、あれやこれやと台所で腕組みして考えるほど、これらを工夫することはけっこう楽しい作業です。

あなたはどちらが好き？　だだっ広くってなんにも出ていない無人化した台所と、わが家のごときなべ底の裏まで見せる台所と。

わが直筆写実イラストをごらんになればどなたも「やっぱし、雑誌に出てるようなモデルキッチンのほうが……」などと言われるかなあ。でも、この本が出る頃には、またわが家の台所もコロリと変わってるかもしれませぬ。

弟子が語る、その後の話

レストランなどの厨房で、道具が何も出ていないキッチンというのはまずありません。それぞれの店が、それぞれの動き、つまり動線に合わせて配置しているはずです。われらも同じく、台所内のこの配置によって料理の撮影時間が大きく変わってきます。

ところが、突然この配置が大幅に変わっていることがあり……それは「常によりよく」を考える師匠の仕業なのですが、これが必ず締切満載の深夜にやるようなんです。

朝、仕事場へ出勤すると、フツーの人には読解不可能な絵と字による書き置きが。髪を振り乱して何やら片付けをやっているようなイラストが描いてあります。「アコへ。これ、清書して〇〇さんに送ること。師より」。ハッと見渡すと、ややや、台所の棚の中の配置がおおいに変わっているではありませんか！　しばらくするとうれしそうな顔をした師匠がやってきて、「なんか言うことない？」。そう、明らかに、「使いやすくなりました！」と言ってほしい様子です。原稿を書く前にやったという師匠に、何もこんなときにしなくてもと言ったら、「どうしても、どうしても、しないでいられなくなったのよね……。で、どう？　いいでしょ」。しかしながら、会心の使いやすさだったこともあれば、撮影中にみずから「これダメ～っ！　やっぱりもとに戻すわ～」ということも。締切前によくある風景でした。

合羽橋探訪番外記

取材で東京台東区にある合羽橋《かっぱばし》へ行きました。
面白かったです。商売用の調理用品を売る店が数えきれないほどありましてね。石川五右衛門をゆでたようなどでかい釜《かま》や、てのひらにすっぽり入るくらい小さいおろしがねなどほんとにいろいろ。

仕事とはいえ、私はこういう取材が大好きで、そして非常に困るのです。好きなのに困るとはまた妙な話ですが、実は私自身が仕事とは別に買いすぎてしまうからです。どれもが必要に見え、かつ、もうこの地には二度と来られないのではと、ついついいろんなものを買いこみます。持ち歩くのに重いし、さいふは軽くなるし、家へ帰って開いてみると、なんでこんなの買ったかなあと思うようなのもあり、さりとて捨てられず、かくて物は増えてお金は減るという次第。

以前、ある婦人雑誌の依頼で築地《つきじ》へ行きました。その時なんぞ私は真っ先に何を買ったと思います？　よく魚屋さんが持ってる大きな手さげの竹かご。あれをまず買ったんです。そんなでっかい入れものを買ったばかりに、さあどんとこいという気になって、ふだんは高くて手が出ない品までつい買う気になるどころか、買っていてしまうのであります。

その時買った〝カニみそ〟なんて、われに返ったらあまりに高くて、しばらく戸だなの奥深く。他にもっとばかばかしいものも買いました。寿司屋用卵焼きという単行本一冊分くらいの卵焼き器をなぜか買ったのです。ちと巨大すぎました。

さて、この度の取材では同行のイラストレーター氏が、

「それ、ほんとに必要なんスか？　も少し考えられたほうが……」としばしばブレーキをかけてくれたおかげで、使途不明のおかしなガラスビンや、私の背丈ほどの大しゃもじなどをあやうく買わずにすみました。でも合羽橋は面白い！

弟子が語る、その後の話

合羽橋にはたまに出かけていた師匠ですが、どこを歩いていても、おかしなものを見つけていました。街中でちょっとおもしろそうな店があると、ツツツッと入り、あれこれ見物。

今、私の事務所で使っている、にんにく・しょうが入れは、あるとき池袋を歩いているときに釣り道具屋で見つけたもの。本来は釣りの餌入れだったのですが、あらこれおもしろそうじゃないのとしげしげ眺めて、事務所用と自宅用にひとつずつ買って

帰りました。

でも不思議なのは、釣りなどしないふたりがどうしてふらふらと釣具店に入ったのか。

初めて訪れた町の金物屋、うつわ屋、スーパーマーケット。時間のかぎり探訪し、どこに出かけてもその土地土地の暮らしを見てまわり、おもしろがっていた師匠でした。自由人で、わき道、路地裏が好きな人でした。

判定勝ち

子どもたちが一歳と二歳の時のうんと昔の話です。

お正月を前にして私は断然決心しました。換気扇《かんきせん》の大掃除《そうじ》を専門家に頼むことにしました。わが家の換気扇は、入居時からついていたのですが、とりつけてあるのが非常に掃除しにくい場所なんです。それでも多くて月に一度、少なくても三か月に一度は夫と徹底的に掃除していましたの。

ところが、チビたちがじゃまをし出すようになったものだから、とりはずしてゆっくり掃除出来なくなりました。換気扇の掃除にはかなり強い薬品を使うため、危なくてとても子どもたちのそばでは出来ません。それで一日のばしにしていますと、みるみるうちに汚くなってきました。台にのぼって背のびして、無理をしながら汚れをふきとるのですがなかなかすっきりしません。

さんまの季節には家中が煙《けむり》モクモクも何のその、脂がジュッジュッ落ちるやつをじゃんじゃか焼いて食べました。いためものは強火でガアガア。

おかげで換気扇はベトベトもいいところ、気がついたらふきとるようにしてはいても、とりはずして掃除するよりはるかに汚れが落ちません。

それが、暮もおしつまってくるとどうにも気になってきました。いつお正月が来てもいいぞというくらい台所を磨きたてればたてるほど、換気扇の汚れが目立ってきます。

いっそはずして下でゆっくりやろうかと何度も思いましたが、時間がかかるので子どもたちのひるね中にともいかず、換気扇を見てはためいき。

さてそれからというもの、明けても暮れても換気扇のことが胸にドシーン。自分はちと偏執気味ではあるまいかと思うほど気になってきました。そんな折にふと見つけたのが換気扇の掃除を人手にまかせられるという記事でした。一度専門家に頼んだら後はチョコチョコ掃除でまたしばらくはだいじょうぶでしょう。「よーし、これを頼むべし」とはりきって夫に言うと、

「え、そんな高いの⁉　たった一回の掃除で？」

決してケチではない彼ですが、この時はでっかい目をよりでっかくして目をむいたのです。

もう大喜びで賛成してくれるとばかり私は思っていたのでカーッと頭にきました。

「じゃああなたがみーんなやってね、ピッカピカにしてねっ！」

「ああ、やってやるとも！」

日曜がきたので子どもたちを散歩につれ出しました。留守にどうぞごゆっくりお掃除をなさいませという意味をこめましてね。

さんざんあちこち歩いて帰ってきましたら、彼、換気扇を見上げてじっと腕ぐみ。きっと（さて、どこから手をつけるべきや）と考えこんでいるまに時間が経ってしまったのでしょう。（チラリ）私は皮肉なるマナコを彼に向けてそ知らぬ顔。で、きれいになったと思います？　いいえ。

「オヤ帰ったの、じゃオレ、テニスに行っていいかな」などと言いつつ、悠然《ゆうぜん》と出かけてしまったのです。

数日後、

「例の、頼むのなら早い方がいいぞォ」かくして私の判定勝ち。

そして、年の暮れはピカピカ換気扇と相成り、プロの技はすごいなァと感嘆。

こうなると夫は、

「いやー、安いもんだ。ほんとに安いなァ」

弟子が語る、その後の話

換気扇のお話、実はわがキッチンスタジオにもございました。あれは1985年のことだったかしら。師匠は相変わらず、執筆、インタビュー、料理教室、商品開発、講演会など、多岐にわたる仕事をこなしていました。ある日、大御所の料理家の先生のところへインタビュアーとして出かけ、帰ってくるなり開口一番、

「みなさーん！　〇〇先生のところに行ったら、まず、お弟子さんのロッカーがあってね、台所が素晴らしいシステムキッチンで」

「で？」

「あなたたち、ここからが大事よ。お弟子さんたちがね、換気扇のフードにからだごと入って、もともとピッカピカと思われる換気扇を、磨きに磨きまくっていたのよ〜。あなたたちみたいに、サササッて拭くだけじゃないのよ！」

「へえー」（弟子一同、笑いを浮かべて）

「笑いごとじゃないのよ……。ああ、うらやましいわぁ」

かくしてその後、たまには喜ばせてあげましょうと、弟子一同、師匠の留守の間に換気扇によじのぼって掃除をしたところ、換気扇下に張ってあるステンレスがあろうことか私の体重によって、足型そのままに凹んでしまった。弟子たちが笑い転げていると、師匠が元気に帰ってきて……。

「あーっ!!」

「ステンレスの品質の違いです、師匠！」

私の台所七つ道具

　まったく、私はヘンテコなものを大事にしています。きっとたいていの人は「へー、なんでこんなものまで台所七つ道具に入るんかいな」とお思いでしょうね。あれやこれやとあたらしもの好きなのに、長年にわたって台所で愛用していなくてはならぬ品々があるんです。

(1)**皮むき**——のっけからバカにしてるゥ、皮むきなんてどってことないじゃんかと、のたまうことなかれ。いまだに包丁の方が早いざんすと、にんじんの皮や、ぬるぬるさせながら長芋《ながいも》の皮むき、ゴツゴツのじゃがいもをゴツゴツむいてる人がいます。しかし皮むきに慣れてしまうと、早さは包丁と比べものになりません。なんでもピピッとむけまする。包丁でむこうと皮むきでむこうと味に変わりはありませぬ。

(2)**小さいあなあきおたま、**または**湯どうふ用スプーン**——これまた重宝なる代物、使わぬ日はめったにありません。まさか毎日湯どうふを食べているわけにはあらず。

　一番活躍するのはおみそ汁の時。これでおみそをすくっておだしのわいたなべにポトンと入れ、スプーンの底できゅっきゅっと押せばみそはすぐ溶けてくれます。それから里芋《さといも》などのコロコロしたものの煮ものの時などにも便利、混ぜ返すのも、すくうのも楽。

これはわりかしあちこちで書いているのですがいまだ「実行してみました。ほんとに便利です！」との感謝状がきたためしはなく、さほど信じてもらえないのがまことに残念。離乳食づくりの時期にはうらごしなんて面倒なのはとんと使わず、ほとんどのものはこれにてギュッと一押しして即座にマッシュ状にしました。あなたもいつか赤ちゃんを持った時ハタと思い出してね。

⑶**万能プレート**――火をすごく弱火にしたい時があるでしょう。たとえば豆をコトコト煮たり、汁が少なくなった煮物を温め直したり……。でも、あまり火を弱めると消えてしまうことがありますね。そんな時、万能プレートを火の上においておいて、それからなべをおき、弱火で煮ます。すると火はじっくり均等に熱を伝えるので、とても具合がいいのです。直径は二十センチくらいで、柄《え》がついています。ねだんもたいして高くなく、あると便利なものです。

⑷**まぼろしのミルクわかし**――画でわかります？　おかしなふたでしょ、穴《あな》がポコポコあいてます。もし牛乳が吹きこぼれた時、真ん中の穴から噴水のごとく吹き出て、まわりの穴へまた戻るというしくみ。だからは外へはこぼれませ

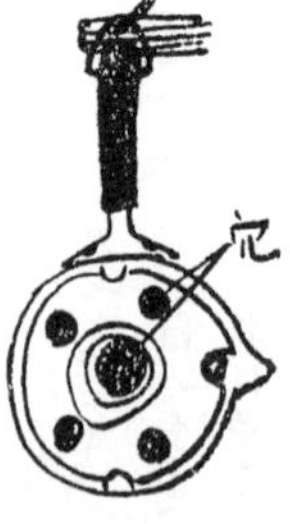

ん。

牛乳ってうっかりするとすぐ吹きこぼれるでしょう、プアーッともう手がつけられないくらい吹きこぼれてまわりはよごすし、おなべは焦がすしで大変です。私は何度そんな目に遭ったか知れず、ほとほといやになっていたところにこれを見つけた次第。イタリア製で、ねだんもまあまあそう高くもありませんでした。

以来、毎日何回もお世話になってます。牛乳をわかすだけでなく、穴より大きいものだったら何をゆでるにもとても便利。卵とか野菜とか手をふれずにお湯だけざあーっと流せて水切り出来ますから。

でもこのおなべ、スタイルがあまりよくないので、たいていの人が「おかしな形ですねェ」って言われます。使い主の私は、なかなか味のあるデザインだと思っているんですがねェ。日本でも作って売り出してほしいです。

(5)**キッチンばさみ**——よく切れるキッチン用はさみは重宝ですよ。こんぶやのりを切ったり、もちろんちょっとふくろの口をあけたり、大活躍であります。

(6)**洗濯用ばさみ**——これこそなんで台所にとの声が聞こえてきそう。でも便利ですよォ、つまり輪ゴム代り。

ビニールに何か入れて冷蔵庫にしまう時などこれにてピチン、使いかけの乾物の袋にピチン、お茶がカンに入りきらなくて少し袋に余ったといった時もピチン。もっともいいのが紙パック入りの牛乳が残った時、パックの口に洗濯ばさみをピチン、実にしっかりと閉じてくれます。他にもまだまだいっぱいあり。ほんとになくてはならない台所用品のひとつなんです。

(7)**びんあけゴム**――かたいびんのふたをあけるのに、これひとつあれば！　の便利もの。

弟子が語る、その後の話

日々変化を遂げているカッ代ライフです。ここで紹介していた七つ道具のうち、晩年も使っていたものは、皮むき、穴あきおたま、キッチンばさみ、洗濯用ばさみの四つ。ただ、道具として機能は同じでも、メーカーにこだわるものも出てきました。たとえば、穴あきおたまはエバウエアというメーカーのものを愛用していました。女性の手や力で持つのに、ほどよい重さと形をしており、自宅でも仕事場でも、使わない日はありませんでした。今でも私の事務所で健在です。ただ、いつの頃だったか、アルミ鍋はアルツハイマーの原因だとマスコミで騒がれたためか、アルミ鍋を主流にしていたエバウエアさんは撤退してしまったようで、本当に残念。

そうそう、ビンあけゴムは、「力持ちのスタッフが激増したから、不要になったわ」と言って、どこか奥にしまわれてしまいました。ミルクわかしは、私が内弟子として入った1982年には、すでに「ミケ鍋」と命名され、小林家の愛犬・ミケのごはんを作る専用鍋となっておりました。

横浜にて

久しぶりに横浜へ行ってきました。中華街での食事も魅力ですが横浜独特のお店をのぞくのが何よりの楽しみです。

今度は、たまたま道を間違えたおかげでひょっこり中華料理の食器専門店を見つけました。中に入るとどれもこれも実に美しい極彩色の食器ばかり。極彩といっても決して毒々しくなくて愛らしいはなやかさを持つ器の数々に目をうばわれてしまいました。ほしいな、買っていこうかなと思いましたが、中華料理用の食器はわが家にもあるし、もっともこんな豪華版ではないけど、そんなにあっても置き場所に困るので買うのはやめました。それに思ったほど高いねだんではなかったにせよ、セットで買うとなるとやはりかなりの金額になります。

とまあそんなわけで一枚のお皿も買わずに帰ってきたのですがやっぱり少しぐらいは買ってくればよかったと今、後悔しているところ。ほんとにきれいな色なんですよ。日本のしっぽうに少し似た感じもします。

ここでふっと思い出したことがある。香港へ行った時のあちらでの食器。香港で何度も食事をしたはずなのにまったく食器の印象がないのです。器の上にのって出てきたことだけはたしかです。でも何ひとつ頭に残っていないということはそれほど印象的な食器を見かけなかったということでしょう。私は器類が好きですからたいていは気をつけて見ていますがまったく記憶にないのです。横浜で見かけた中華食器は輸入品でしたからあちらではああいった美しい食器を使うこともあるのでしょう。なのにどうして記憶として残っていないのかとても不思議です。それとも食べることにばっかり専念していたのかなあ。

さて横浜での次なる楽しみは中華料理の材料店。面白いものがありますヨォ。でも今回は平々凡々に椎茸《しいたけ》を山程買ってきました。ほんとは花椎茸といってかさが厚くて白っぽく、花のようながらのある一番上等のがほしかったのですがすごーく高い。で、その次の次くらいのねだんのを買ってきました（まだまだ下があるんですぞ）。

ところがひと袋の大きさがすごく大きい。両手でかかえられるほどたくさんの椎茸。もう少し小さい袋入りをほしかったのにどこのお店でも山ほどの椎茸をぎゅうぎゅうづめにした大きい袋入りばかりでした。ラッシュ時の電車で苦労して持ち帰ってきましたが、あまりのかさばりようにかなり大変でした。こんなに大変な思いをするのならいっそのこと例の花椎茸のほうにやっぱりするんだったとまたもや後悔したものです。それによく考えてみると、中華材料店で買っても、干し椎茸はほとんどが日本産。ふつうのお店で買うより少し安く買ったという気持ちと、いくら使ってもまだまだありそうな量につい気が大きくなって人を見れば椎茸をあげたくなり、これではなんにもなりません。

どうも今回の横浜での買物は後悔すること多けれど、家宝にしようかと冗談でいうほど気に入ったものも実は買ってきたのです。ただしこれにも大失敗談があるのは残念ですけど……。

いえね、家宝ったってつぼだ、名刀だ、掛軸《かけじく》だとかいったたぐいのものには一切縁なく、私のもっとも愛する台所用品のひとつであるところのなべなんですよ。私はなんせなべに夢中。家中にぶらさげたいほどなべが好きなんです。

ある時雑誌でこんな記事が目につきました。ある人の話で、直径三十センチのなべほど重宝なものはないと。写真も出ていましたがそれはどうやらホーロー製らしく、フタもちゃんとついてます。かなりの大きさなんです。三十センチのなべ、あなたもちょっと物さしで計ってみてください。かなりの大きさなんです。中華なべや天ぷらなべだったら三十センチといっても決して大きい方ではありませんがふつうのなべというとけっこう大きいんです。なぜ家宝かは一尾まるごと魚を何尾もいっしょに煮たり、ステーキを何枚も一度に焼いたり、おでんにもいいしと、とにかくいいことだらけらしい。うーん欲しいぞ。そこでいろいろ探したところ、三十センチのなべなんてどこにでもあるのですがどれも深め。写真で見たような浅めで、厚めでフタつきなんてどこにもありません。ここまで話すとおわかりでしょう。そう、ついにそれを横浜で見つけたのです。

まったくふらりと一軒の中華料理の調理器具店の店先をのぞいたところ、直径三十センチのなべが、ただしホーロー製ではなくて鉄なべでしたがそれもぜったいにいわゆる中華なべでなくふつうの形。それに浅くて厚い。抱きしめて店内へ。ねだんも思ったより安いしとにかくひと目ぼれ。ところが残念至極なことはフタなし。仕方がないのでフタは別に木のそれも厚いのを買いました（これはフタにしてはちと高かった）。重い重いのを横浜からわが家まで約二時間！　干し椎茸の巨人な袋と鉄なべを胸に抱え、としごの幼い子どもたちを連れてのラッシュ時、たいへんな思いで帰りました。だからこそ、もう嬉しくてすぐ使いたくてなぜか油をぬってピカピカにして火にかけました。

大失敗！　さび止めの樹脂製らしきものがぬってあったらしく、それが油をぬりこんだことによってなんと油を樹脂が凝縮して真っ黒々のはん点が続々。ああ、見るも無残！　いつもなら必ず使用説明をたんねんに読んでから使いはじめるか、説明の紙がついていてなかったら買ったところで聞いてその通りにするか、または洗剤できれいに洗ったものをそのまま焼きこむかくず野菜を油でいためるか、古油を張って煮立てるかとにかくそのなべに応じてやり、一度も失敗したことがないというのに。

このなべを見つけた時は嬉しさのあまり説明を聞くことも忘れました。よほど濃いめにさび止めがぬってあったらしく、いっぱいあるはん点はもり上がっているんです──。

まったく一時はなべと心中したいほど落胆《らくたん》しましたが幸い後の手入れがよかったのかヤケクソがよかったのか、嬉しいことに水玉型もり上がり状はん点つき鉄なべも、このところすべすべ。そうなればたしかにたしかにこのなべの活躍ぶりたるや先程の記事の主に感謝状を送りたいほど。おでんの時はほんとに重宝。ステーキはビーフステーキならぬハンバーグステーキのこと多けれど、大勢のお客さんの時でもわっと一度に焼けるし、炒飯《チャーハン》、ぎょうざは言うに及ばず。おかげで、今度はわが家の中華なべの方がひまで大アクビ。

弟子が語る、その後の話

「鍋はいいものを買うと、人より寿命が長い」。師匠がよく口にしていた言葉どおり、この鉄鍋は、今も娘のまりこさんが使っています。そして、まったく同じものがキッチンスタジオにもふたつ。私の自宅にもあります。おそらく横浜中華街に今でもあるのかもしれませんが、合羽橋のカジワラキッチンさん、また、元・スタッフ賀子ちゃんのお店「ウーリーウーリー」でも取り扱い発送をしています。

この鍋は、師匠の著書にもずいぶん登場しました。料理のポイントを説明するために、調理の過程の写真があったりしますが、本当に何度登場したことでしょう。フライパンや中華鍋といえば今は樹脂加工が当たり前になってしまいました。鉄のフライパン、中華鍋、すきやき鍋は、炒め物や焼き物に関して、味の重要な鍵を握っているのにと思うので、「鉄のフライパンなんて持ってません」という声を聞くと、とても残念です。

こりゃ迷惑な話

怒っております

今思い出してもこんなばかな話はないと思うことがあります。もっともこの日本、常日頃から腹の立つことはなはだ多く、今にはじまったことではないのだけれど、とにかくまあ聞いてくださいな。

いつだったか京都までちょっと旅行してきた時のことなんです。京都は私の大好きなみやこ。年とったら京都に住みたいと思っているくらいです。

京都へ行ったらあれも見よう、あれも食べたいと楽しみにしていたのですが、着いた日はあいにくどしゃぶりの雨。仕方なくホテルにこもることにしました。

さて夕食はいかがすべきや。ホテルのダイニングルームでのディナーはとても好きですがせっかく京都まで来たのだもの、短い旅だし、ホテルといえどもなにか京都らしいものを食べたい、そう思ったのがウンのつき。

和食がいいと言うと洋食党の夫はたいてい反対するのに、この日に限って「いいよ」。

そこで、ホテルの地下にある和食の店へ行くことにしました。

なにやらごたいそうな雰囲気。外にサンプルが並んでいるわけじゃないし、メニューが出ているわけじゃなし、少々不安ではあったのですが……。

「ヒェッ」。みずくきのあともうるわしい和紙に書かれたおしながきを見ての内心の声。出来るだけ数字の少ないものをやっと拾い出して「おすすめ定食」を。

さんざ待たされたあげく運ばれてきたおすすめ定食といえば、ハマチのさしみ三切れがちょろりと皿に並べられたのとか、芋一こと小指ほどのぼうだら二切れの煮物とか、胃のすみっこにコロコロと転がっていきそうなものばかり。おまけにどれもこれも実にたいしたことない味。あまりにも足りないので、よせばいいのに、のり巻きと精進揚げ《しょうじんあ》を追加しました。ところが、のり巻きだってまったくふつうのもの、超薄切りのさつまいもやハスやなすなどの精進揚げがまた信じられないねだん。

そしてもっと驚いたことに、支払い合計のすごかったこと！　サービス料と税金も含まれるとはいえ高すぎる。

おいしかったのならいいです。しかし、あの味では高すぎる。

日本で食べる日本の料理がなんでこうも値が高いのか、ほんとに腹が立ちます。自分の国の料理を気軽に外で食べられないなんて、そんなおかしなことがあるでしょうか。

今でも京都は大好きだけれど、このことだけはプリプリしつこく怒っているのです。

弟子が語る、その後の話

　師匠と講演会や料理イベントで、全国うかがいましたが、京都・奈良・鎌倉などはどうも、ごはん処が高めです。師匠曰く、「これは器を食べているから高いんだわ。器代ね」。

　そういえば、あのときも怒っていました。ある日、有名な蕎麦屋に入ったときのこと。ざるそばが、たしか900円。一人前の天ぷらが2000円近かったので、ふたりで顔を見合わせ、やめました。お隣の席にちらっと目をやると、えっ！　と目を疑うほどそばが少なかったので、ふたりとも大盛りを頼みました。そして運ばれてきたのは……「えっ、コレ大盛り？」。ものの3分もかからず食べ終わり、ふたりともスゴスゴ店を出ました。蕎麦屋の近くで餃子屋をみつけると、二人前を購入した師匠。「アコちゃん、食べ直そう。こういう納得いかないときは、食べ直しをするといいと母がよく言っていたの。だいたいね、ふたりで3000円近く払って、おなかいっぱいになるどころか、かえっておなかがすくなんて、いくらおいしくてもとんでもないことよ」

　仕事場に帰り、餃子を前に師匠はお茶を、私はビールで仕切り直ししたのでした。

現在もその蕎麦屋も餃子屋もあり、前を通るたびにあの日のことを思い出し、フッと笑いがこみあげます。

騒音口害

　まったくひどい目に遭いました。テレビの仕事で大阪へ行くことになり、新幹線に乗ったのですが、その車中でのことなんです。

　このところ連日睡眠不足に加えて、この日の前日は仕事のために持っていく料理の下準備のため、夜遅くまであれを煮たりこれを焼いたりしていたので、床についたのは午前二時をまわっていたかな。

　翌朝は早かったので無論頭はモーロー。目はうすぼんやり、肌はガサガサ。（でもまあいいわさ、車中三時間もあるんだからその間かなり眠れるから）と、そう思って乗りこんだわけです。

　その日はちょうど米原《まいばら》に豪雪とかで、一時間くらいは到着が遅れるとのこと。（さすれば四時間は眠れるぞ）なんて、のんきなことを考えておりました。

　私は窓側の席、隣はかっぷくのいい中年の男性。さてそろそろ眠ろうかなと思っていると、その中年氏、駅で買ったらしいお弁当をひろげはじめました。ま、そんなことは苦になりません、こちらは食欲より眠欲ばかり。上着をひざにかけ、ひと眠りとぐっとくつろいだ気分に浸ったとたん、

「ペッチャペチャ、クッチャラペチャ、ペタベタベタ」

　異様な音です。すぐ耳の横で聞こえます。言うまでもなく、中年氏がお弁当を食べている音なんですがそのすさまじいことったら今まで類を見ません。

　どう表現していいかわからないほどの音なんです。ご本人はとてもおいしく食べているらしいのですが、耳元近くで聞かされる身はたまりません。逃げだしたいくらいでしたが窓側の席ではそれもままならず、早くお弁当が空っぽになることを祈るのみ。

（あー、やっと終わったらしい）つまようじをチュッチュッとこれまたにぎやかに使いはじめたのでほっとしました。ところがなんです。

「ズルズルー、ファガラガラ」

　なんだと思います？　お茶を飲み、時折口をすすぐ音なんです。

　お茶もやっと空になりました。なんだか疲労こんぱいした気分です（でもまあこれでやっと眠れるぞ）。

「バリバリバリ」またまた音！

　おせんべいの袋を開ける音でした。今どきあんな固いビニール袋があるんでしょうか、彼がおせんべいをつかみ出すたび前の人が振り返るほどの音なんです。もち、袋の音だけにあらず。例によっておせんべいを食べるすごい音との二重唱です。もう泣きたくなりました。

けれど、人間がものを食べる時に出す音は拡大すればこうも不快なものかという教訓になったことだけは確かです。

その後眠れたかですって？　いいえ。満腹になったかの中年氏、おせんべいを食べて後すぐ「グァーオ」と、ライオンの遠ぼえのごとき音響と共に、新大阪までぐっすりとおやすみになり、私めは一睡も出来ないでボロボロガタガタに疲れ果てて、かの地をふんだのでございます。

弟子が語る、その後の話

師匠が湿気たにおいが苦手だというお話を前述しましたが、香水もまた苦手でした。ただ、香水の場合はにおいで気分が悪くなるのではなく、鼻水がスルスルーッと出てきてしまうんです。新幹線などで、近くの席の人の香水があまりにすごいときは、車掌さんにこっそりと別の席はないか聞きにいったこともあります。

しかし快適な席に当たったときは、ものの5分で睡眠開始。グググーッと、かわいらしいいびきをかいて、爆睡態勢に入るのです。でも、あまりに豪快ないびきが投下されはじめると、弟子はツンツンとつついて起こします。

「寝てたのにーっ」

「だって先生、前の席の人が家に帰ってさ、『小林カツ代を見かけたけど、東京から仙台まで大いびきかいて寝てたぞ』なんて言われたら嫌でしょう。だから起こしてあげたのっ」

おいしい店

よく雑誌などでどこそこの店がおいしいという紹介記事があるでしょう。私はそういうの読むの大好きで、行けるところなら行くこともあり、たいていは行ってよかったと思うのですが……。

あるお店の特製スパゲティの紹介記事がいたくおいしそうで、たまたまうちから、車で三十分くらいのところなので家族そろって出かけることにしました。

ところが一向にお目当ての店が見つかりません。寒いし、探し疲れたし、おなかはすくし、このあたりに食べもの屋らしきものは見かけないし、途方に暮れました。

「そうだ電話で聞いてみよう」

やっとそれに気づいて切りぬいてきた紹介記事にのっていた番号にかけました。すぐかかりました。電話の向こうではおかみさん風の声でおやまた問い合わせ、といった感じの慣れた調子。多分、私のような手あいがこのところ多いのでしょう。教えてくれた場所は、なんのことはない、われわれが行きつ戻《もど》りつ探しあぐねたところ。そんな店あったかなあ。

なにはともあれ戻ってみました。見つからないのも道理、まったくまさかと思われるような、廃屋《はいおく》風休業風の店だったんです。行こう行こうとひっぱってきた手前、「こういう店こそおいしいのよ」と気持ちを引きたてたものの夫は、「そうかなあ。しかし普通の汚さとはちょっと違うなあ。うまい店の汚さじゃないないなあ」と浮かぬ顔。私とてそれは同じ思いなれど、

「なんでもいいから食べようよ」

とにかく勇をふるってドアを押しました。ひょっとして中は外見と似ても似つかぬ食欲湧く店かも知れぬと少々は期待しつつ……。

「らっしゃーい」と間のびした声の、先程の電話の主らしきおかみさんに迎えられて店内を見渡せば、いや見渡すったってちらと見ただけですべて見通せたんですが……。いやはや中も外もこのお店の雰囲気はまさに一致。正直でヨロシイとはいいがたく、せめて料理はがらりと変わっていてほしい。

「特製スパゲティ四つ」と心細き声で注文。

不幸なことに私の座った位置から調理場が丸見え。眠たげな中年コックというかおやじさんがたった一人、まず冷蔵庫を開け、ゆでたスパゲティを取り出したのです。

スパゲティは断じてゆでたてでなければなりませぬ。ああ特製スパゲティがすでにゆでてあり、冷蔵庫で冷えにひえているとは……。

フライパンを熱する間もなく油を入れ、なにがしかの野菜とゆでスパをいためはじめましたが、あまり強火ではなさそう。四人分一度にいためるとなるとよほどよくいためてくれないと熱々を食するのは無理ではあるまいか。

案じたとおり、運ばれたるスパゲティは、まだ少し冷えた部分が残っており、上からその店自慢という白いソースがどろりとかかっていますがこれまたぬるい。

空腹は何にも勝るごちそうといいますけれど、われわれ四人の空腹はそのスパゲティをごちそうと思えるほどにはいっていなかったらしい。

ようやくのことに食べました。あのスパゲティを紹介なすったお人は、きっとあの店の前で餓死《がし》寸前であったに違いありません。

弟子が語る、その後の話

スパゲッティは日本に入ってきたイタリアの家庭料理の第一歩。のちに「イタメシ」と短縮して呼ばれるほど身近になりましたが、師匠が育ててきたスタッフの中にも、イタリアンのシェフをしている者がいます。現在、門前仲町でリストランテ「ピッツェリア ピッキ」の店長・ヤマモトユウゾウくん。ヤマモトクンの修業方法はカツ代史上かつてないものでした。

師匠のもとへはかなりの数の入門希望の手紙がきており、なにか心に刺さるものがあると、特に求人の必要がなくても面接を行っていました。そして、その人の目的やキャラクターによって、おもに料理本や料理番組を行うキッチンスタジオ、飲食店、雑貨店などに配属していたのです。ところがヤマモトクンはこれに当てはまらず。ただ、スケジュール表に「ヤマモトクン」と書いてあるのみでした。何ごとも秘密にしない師匠が、なぜ隠密行動を？　それは、彼があまりにイケメンだったから、スタジオに来てもらっては他のスタッフが仕事にならないだろうとの配慮だったと、のちに師匠は笑って言いました（どこまでホントなんだか……）。

最近になって、ヤマモトクンにどんな修業をしていたのか聞いてみたところ、いろいろなレストランでごちそうになりながら、食材の話、家庭料理の話などうんちく話をしていたのだとか。まっこと不思議な修業方法であります。

カタカナ四文字とエスカルゴ

この世の中で私がもっとも恐ろしいものはナメクジです。こうしてカタカナでナメクジと書くだけでぞうっとするくらい。

生き物は何でも好きで動物はいうに及ばず、くもや毛虫のたぐいでも「あら、可愛い」なんてのんきなこと思うたちなのに、例のカタカナ文字のやつだけはいけません。

その私がこともあろうに神戸にてエスカルゴなるものを食べたのです。カタカナ（察してください）と、エスカルゴをいっしょくたにするなんてけしからんとフランス料理の通はおっしゃるでしょうけど、私にしてみれば同じ。エスカルゴってつまりカタツムリでしょ？

例のカタカナほどではなくっても、あのうず巻きの家から出た姿は同じなんですもの。

その私がなんでうかうかとフランスのでんでんむしちゃんを口に入れたかというと高校生だった甥《おい》っ子のせい。

「エスカルゴってオニオングラタンのスープなんだね」

生意気にもこの甥、まだ高校生のくせにやたら料理にくわしく味にうるさい。いつ

もなら料理の話は大好きだけど、今回のエスカルゴの話はどうもあまりしたくないので生返事をしていると、

「つまり、ぼくは何もいらないからエスカルゴが食いたいのであります」と言い出した。というのも、甥の誕生祝いに何がほしいかと私が聞いたのがこの話のはじめの部分。

「え？　じゃあエスカルゴが食べたいの？」

「うん。ただしあくまでスープとして。むろんその後にはちゃんとした料理でしめくくり」

　こんなお祝いならさいふは少々痛いけど私もいい目が出来るし即ＯＫ。ただし私はエスカルゴなんぞ金輪際やーだ。

　ところが甥っ子ときたら実に器用にかたつむりちゃんの中身を出しておいしそうに食べるので、よせばいいのにちと興味が湧いた。ちょうどタイミングよくというか悪くというか甥が私にもすすめる。

「ウヌ？」

　ちらちらっと頭をよぎるものありしも「うん」と答えて小さい破片、何やら黒っぽくてごにょごにょとした感じのものを口へ。

ふにゅとした舌ざわり。ああこれはまさしくカタカナの感じではないか。どうしよう、どうしよう、どうしよオっ！

さりながら、すすめた甥はにこにこと私を見て、

「おいしいでしょ？」

「おいしい」

と答える間のひととき、この小さい物体を舌の上で停止させる恐ろしさったら！

ふにゅっふにゅっ。やっとのみこみました。今思い出してもあの感しょくはぞぞっ。オニオングラタンは私の大好きなものだけど、からの中のスープはやっとの思いでのみ干し（給仕長がじーっと見ていたから）かなり上出来のオニオンスープらしかったのにうのみでした。

しかし考えてみれば、日本のエスカルゴはすべてカン詰めのだから歯ごたえがまったく違うのでしょうね。鮭缶しかり、アスパラガスしかり。エスカルゴも生のものを使った場合はも少し歯ごたえがあるのではないかしら。ヒェ〜ッ、生？　もっといやだ。

もうこりごりです。などと言ってからまだ日も浅いのに、そうだ、サザエのつぼやきで作ればきっとうまくいくかもしれんなどと、自家製エスカルゴ作りに思いをはせ

ている私です。

エスカルゴがはいってないオニオンスープ　2人分

玉ねぎ　大1個
バター　大さじ1
水　3カップ
固形ブイヨン　1個
ローリエ　¼枚
塩　少々
こしょう　少々
フランスパン（1㎝の厚さ）　2枚
溶けるチーズ　大さじ山盛り2

【作り方】

① 玉ねぎは半分に切り、繊維を断つように薄切りにする。
② 厚手の鍋にバターを溶かし、玉ねぎがしんなりするまで、焦げないように気をつけながら10～15分はあめ色になるまで炒める。

③ 分量の水を加えて、底もしっかりこそげ取り、固形ブイヨン、ローリエを加える。
④ フツフツしてきたらフタをして弱火で15分ほど煮込み、塩、こしょうで味を調える。
⑤ 耐熱容器に入れ、フランスパンを浮かべてチーズをのせる。オーブントースターで焼き色がつくまで7〜8分焼く。あれば好みで刻んだパセリを散らす。

ケーキの次にくるものは何か

実は一時私、一人の男性にぞっこん見こまれまして、ほとほと困り果てていたのでございます。などと申しますと、何やら聞きずてならないホットなニュースみたいでしょ。そうだといいんですがね、残念ながら、さにあらずさにあらず。

この男性、実はうちの近くのパンとケーキと喫茶店のあるお店で働く、若いけれど超仕事熱心の支店長さん。

ここのパンはおいしくて、そのため自分であまり作らなくなりましたが、喫茶の方を私の仕事の打ち合わせなどにもよく利用するものだから、いつのまにか私が料理のことをやっている人間だということが知られてしまいました。そもそもはそれがほったんで、ぞっこん見こまれるというはめになったのです。このお店は支店なので、パン、ケーキはぜんぶ本店から運ばれてきます。それがどうもかの支店長氏にはあき足らないらしく、ある日突如として喫茶のための台所で、ゼリーなど自分が作ってケーキの横に置いて売りたいと言い出したのです。そこで彼はほんとにゼリーを作りはじめ、私が顔を出すと「すみません、ちょっと」と幾種類かのゼリー味見モルモットにされました。最初のうちは固いのや甘味の薄いのやとどうもあまりかんばしくなかったのですが、モルモットの指導が良かったのか、近頃はなかなかいい線になり、よく売れてる様子。

しかしそうなるまでは行くたびに未完成のゼリーを食べさせられるものだからゼリーには食傷。ゼリーの前はサンドイッチだったんですよ。支店長氏が試作するたびにサンドイッチの切れっぱしを差し出し「どうでしょうこの味」。

このところやっとサンドイッチからもゼリーからも解放されて、ほっとしていたらつい最近、

「オーヴンなしで作れるおいしいケーキはありませんか?」と聞くのでなにげなく、

「あるわよ」と答えてしまったのが運のつき。彼とたんに細い目を輝かせ、

「それ、ぜひ教えてください」ときた!

「だってケーキなんて売るほどあるじゃない」と言うと、

「実はうちのケーキ、マンネリらしくて売りあげが落ちてきまして……」

そこで例によって自分がケーキを作っていっしょに並べたいのだけれど、似たようなのじゃ本店のケーキ職の人に悪いし、それにここではオーヴンもないのでオーヴンなしで作れて商品になるのを教えてほしいというわけ。

あまりの熱心さに「うん」と言わないわけにはいかなくなったけど、ああまたもや

私はこの店にくるたびわが身が考案したケーキの切れっぱしを味見するモルモット。しかし、それにしてもケーキ屋にケーキを教えるというのも、ちとおかしな話ですよね、人が良すぎますよね。

フライパンバウムクーヘン　作りやすい分量

小麦粉　60g
コーンスターチ　40g

バター　60g
牛乳　大さじ1.5

卵黄　3個分
砂糖　70g

卵白　3個分
砂糖　大さじ1

バニラエッセンス　少々
サラダ油　少々

【作り方】

① 小麦粉とコーンスターチは粉ふるいの中で合わせて振るう。バターと牛乳を小鍋に入れ、弱火で溶かす。
② ボウルに卵黄と砂糖70gを泡立て器でドロリとするまでよく混ぜる。
③ 別のボウルで卵白をフワフワに泡立て、砂糖大さじ1を加えてかき混ぜる。
④ ②の卵黄に③の卵白を2～3回に分けて加えて混ぜ、①の粉類を入れてサックリ混ぜる。
⑤ ④にバターと牛乳、バニラエッセンスを加えて混ぜ、なめらかな生地にする。
⑥ フライパンを温めてサラダ油を薄く塗り、⑤の生地を直径10㎝位に薄く流し入れ、弱めの中火で焼く。焼き色がついたら、裏返し、焼けた生地の上にと同じ様に生地を流す。これを繰り返す。フタをしながら焼くと早い。焼き上がったら、カットして、断層を綺麗に。

泡立てた生クリームを添えて食べるとよくあう。

＊天火（オーブン）がなくてもできるケーキの代表。

心ならずもタコ焼きの話

思い出しても胸やけするようなことがあります。

さる日曜日、夫の父上、つまり私にとりましてはおしゅうとさんが「カツ代さんに買ってきたんだよ。なつかしいだろうから」と言って出されたのが〝タコ焼き〟。

わが生まれ故郷は浪速《なにわ》なり……。ああふるさと離れて幾年《いくとせ》か……。

おっとあぶないあぶない。ヘンなこと言うとまたまたおばちゃんにされてしまう。どうしてだか私の文章からくるイメージは太ったおばさんが浮かぶらしい。本人はスマートなもの書いてるつもりなのに。

えーとなんでこんな話になったんだっけ。タコ焼きの話に戻ります。

「まあなつかしい」と喜んでフタをあけたら何やら白々しいダンゴがびっしり。

「これがタコ焼きィ？」

だってね。本場の大阪や神戸のタコ焼きはいくらおみやげの折り詰めでも上にはかつお粉や青のりがたっぷりふりかけられて、ソースまでちゃんとかかっているのです。そのソースがとんかつソースで、タコ焼きの中までしみてしみて、それが何ともいえない味なのです。まっ白いタコ焼きのそばにはソースの入ったポリエチレンの小ビンがついています。ところがこのソースがさらさらで、タコ焼きにこってりとついてくれません。

　食べてみてなるほどとうなずけたのは、タコ焼きそのものがかなりの塩味。だからソースはあまりいらないのでしょう。

　でもねえ、こんなにきれいにまーるくて、焦げめがなくて白っぽくて、塩気があって何もふりかけられてなくて、ソースが流れてしまうようなの、大阪では見たことがありません。

　大阪のはふわふわとやわらかいので多少形はくずれるんです。東京のは固めです。だから、口の中でモゴモゴとかむ感じ、これではふるさとをなつかしむというにはちょっと……。

　などと東京タコ焼きの悪口ばっかり言っていてなにゆえ食べすぎたのか。

　実は中に何が入っているかを点検するうちいつしか食べすぎ、二日目になってもまだ胃にもたれている次第。

　中身はむろん、タコに決まっているのですが、東京のは文字通りのタコ焼きでありまして、タコの他にはあまり目ぼしいものはなく、干しえびとネギと天カスが入っているらしい。とは申せ大阪のだってそんなところですが、こんにゃくの角切りと紅しょうがが必ず入っている。東京のは入っていないのがたまにある。

東京タコ焼きにも赤いのがちらと見えたからやれ嬉しやと口に入れると干しえびのカケラでありました。この時食べたのには紅しょうががなかった！

紅しょうがより干しえびの方が高級ではないか、たかが紅しょうがごときでと言うなかれ、私個人の主観からのみ申さば、紅しょうがを入れないタコ焼きなんてと言いたいくらいなのであります。

いやいや紅しょうがだけじゃないなあ。大阪という土地が考え出したのにふさわしく、ゴッチャに混然としたものが青のりであり、かつお粉であり、とんかつソースであって、それらが思わぬ味をかもし出しているといえるのでしょう。

でも、東京の人にはあの形のそろった少々固めのがほんとのタコ焼きと言われるかもしれませんね。もっとも、最近は、ずいぶんおいしいと思うものもありますが……。

とにかく、ソース別添えタコ焼きなんて、大阪人には「ケッ」なのです。

弟子が語る、その後の話

25年ほど前のことでしょうか。師匠の自宅のそばに、たこ焼きの屋台がよく来ていました。そこのたこ焼きは、私の中では東京のたこ焼きナンバーワンに躍り出ました。

「出来立てのホカホカを食べてほしいんだぁ〜」とオジサンが言えば、それならとホカホカのを弟子や子どもたちと、屋台の店先でよく食べました。ある日、弟子（私です）が、ホントのホカホカ、つまりフーフーなどせず鉄板から竹串でひょいと刺したたこ焼きを、「わーっ、おいしそう」と間髪入れずに口に入れたことがありました。その瞬間……！　上顎に100℃は超えているだろうソレが貼り付き、水ぶくれが。ペロリと剝けて、ヒーヒーハーハー。

「もう何も食べられない、どうしよう ー！」と叫ぶ私を「ばかねえ」とゲラゲラ笑う師匠。さらにクフクフ笑いながら、

「これさ、外国製だから、きっと効き目が抜群よ。塗ってみよう、アコちゃん」

と、タイガーバームなる塗り薬を片手に迫ってきます。

「えーっ、えーっ、だってそれ、塗ったらおいしくないどころかへんな味だよ」

「だからね、まず擦り込んで、そのあと水で口をすすぐのよ」

と、なぜか満面の笑み。とにかくやってみたら、それが効いたのかどうかわかりませんが、自然に治りました。でもこの荒療治が効いたとは、思いたくありませんねえ。

ダイエットは乙女の祈り

ケロケロ

私は何回か減量に挑戦しました。すぐ決心はするのです。なんでまたそんな気になるのか、なにゆえ再度、いや再々度、いや再々々度に渡る無駄《むだ》な抵抗を試みる気になるのか、これにはその時々深～いわけはなく、実に単純なる動機があってのこと。

ある日、私は例によって家中の整理をはじめたのであります。例によってと申しますのは私には悪癖がありまして、雑誌などのしめ切りが近づいたり、やたら仕事がつまってきてめっぽう忙しいという時に限って、

「そうだ、そろそろ衣類の整理などしなくては」とか、

「そうだ、台所の食器だなの裏っ側のほこりなんぞもたまには掃除機で」とかいったしめ切りも何もないそれこそどうでもいいようなことを突如やりたくなって困るのです。困るだけならいいのですが、どうにもやらなくては気がすみません。押入れに首をつっこんでガサゴソ始めたり、食器だなの中の食器を全部出して食器だなを動かし、裏っ側のほこりをたん念に取るといったばかばかしい作業をおっぱじめるんですからわれながらいやになります。

しめ切りさいそくの電話は鳴り、パートで来ているおばさんには、「またやるのですかァ、そんなことひま人のやることですよォ」といやみのひとつも言われながら、なおやり抜こうとする意志の強さというかヘソ曲がりというかアマノジャクというか……。

ま、そんなわけで、その日、あっちこっち衣類を引っぱり出したりしまいこんだりしていましたらおばさんが、

「おや、これ一体だれのですか?」一枚のスカートを手にとって言いました。

見れば私の新婚当時のもので、古いものはほとんど処分したのですが一枚くらいは記念にと取ってあったもの。

「何年か前のだけど私のよ」

「まあ、また面白いことおっしゃって」など言いつつ、ケロケロ笑うではありませんか。

「あら、ほんとに私のよ」

「まあ、ケロケロ」

てんで信じない様子、それほどかように私はスマートだったんです。ウエストは五六センチあったかしらというほど。現在の私も本人はさほど気にしてはいないのです

が、なんせ以前があまりにもスマートであったゆえ、どうにも太り過ぎのような気はしていたのです。

だけどですぞ、私とスカートを見比べてケロケロはちとひどい。

「そうですか、以前はやせてらしたんですね」くらいは言ってくれてもよさそうなもの、それなのにまるっきり想像も出来ぬ顔つきでゆかいそうに笑う彼女を見て、断然減量の決意をしたのであります。

きのこうどん　2人分

ゆでうどん　2人分

好みのきのこ　2袋

きくらげ（乾）　大さじ2

〈つゆ〉

だし汁　3と½カップ

薄口醤油　大さじ3

みりん　大さじ1

酒　大さじ1

おろし生姜・あさつき　適量

【作り方】

① きくらげは水で戻して食べよい大きさに切る。石突きのかたい部分があれば切り落とす。きのこは石突きを落とし、食べよく切るかほぐす。

② 鍋にだし汁を入れて火にかけ、フツフツしたら薄口醤油、みりん、酒で味を調える。

③ ②にきくらげときのこを加えて、再びフツフツしてきのこに火が通ったら火を止める。

④ ゆでうどんは袋の表示通りにあたためて、丼に入れておく。熱々の③の汁をうどんにたっぷり具ごとかける。

細おろし生姜、刻んだあさつきを散らして、好みで七味唐辛子（分量外）をふって食べる。

＊師匠がダイエットをしているときも、よく食べていた料理です。

有言不実行

やせる決意まではよかったものの、それからひどいことに前より少し太ったんです。やせるなどということは実に私ごと、個人的な話ではありますが、世の多くの女性の悩みの種でもあります。それで、私のことが少しでも参考になればと思い、やせてみせると決心したのですが……。

なのに、なにゆえ前より太ったか、つまりこういうことです。

一か月で何キロもやせるということはかなり難題ゆえ、相当の節食をせねばなりません。それがむつかしいんですなあ、全く。

だから、つい明日から必ず実行しようと思うため、今日は好きなだけ食べればいいではないか、ケーキも食べ納めしよう、おせんべいも。などなど、以前より食べ過ぎる傾向が出て来たというわけ。かといって、私はそう大食漢にあらず、まあふつうです。なのに、明日からすごい減食をしようと思うと、どういうものか食欲が出て、ついつい甘いものなんぞまでに手が出てしまいます。

こういうことが毎日続くとどうなると思います?　イエス、当然太るのであります。

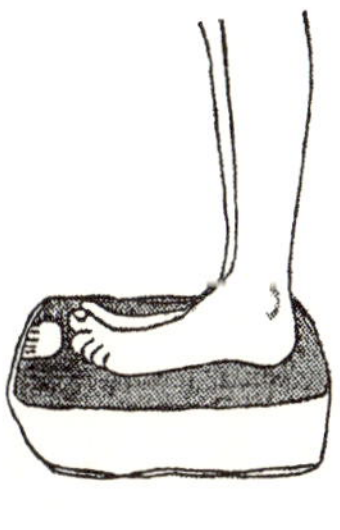

だから、このすごい減食という方法はあきらめました。そんなこともしないでなんと二か月で七キロもへった人が身近にいるんですから。

彼女はある雑誌の編集者で、とてもいい人なのですが、会うたび、「着々と減量中」と涼しい顔をしているのだけが気に入りません。私は私の方法でやせてみようと意気込んでいましたがあまりの逆効果に、口惜しいけれど彼女の指示をあおぎました。「小林さんもついにやりますか」とにこにこ顔で教えてくれたのが次なる食餌法《しょくじほう》。

朝、ミルクとゆで卵。昼、お弁当か外食。昼だけは食べたいものを食べたいだけ食べる。夜、ごはんやパンなしのおかずのみを食べる。

たったこれだけのことで二か月に七キロもへったなんて信じられる？　ただ、すべてにわたって、動物性脂肪はいっさいとらないことにしているのですって。もし、私と同じくやせたい病の人は早速実行なさったら？　私自身はもうあきらめの境地。せっかく彼女にご教示願ったのに今もって実行していません。だって朝はついバターやジャムをこってりつけたトーストを一枚食べないと、どうしても目がさめないんですもの。

でも、人の評価はさまざまなり。私がやせたいといったら、近所の親しい本屋の奥さんが、「へー、奥さんが今よりやせたらなくなっちゃうじゃないですか、そんなにスマートなのに」なーんてゾクゾクするようなこと言ってくれたんです。ただね、この奥さん、お世辞を言う人ではないけど目がかなり悪くて、乱視と近視、おまけに近年は老眼もかかってきた由。

弟子が語る、その後の話

キッチンスタジオにやってくるメンバーは、ほとんどが料理の仕事がしたくて師匠を慕ってきた人たちです。師匠のマネージメントや、企業などの仕事先とビジネス的な話ができるかというと、なかなかそううまくいきません。そこで、ある人の紹介で現れたのがシマザキ氏。彼のすごいところは、絶対服従のイエスマンではないところ。徹底的に師匠と戦うこともしばしばありましたし、悪態つくわ、江戸っ子風の憎まれ口も得意だったんですが、何より、よき仕事につなげるために！　を第一に考えていた、気持ちのいい男性でした。師匠はたびたび、「もう、どっちの味方なの！　シマザキ、頭くる！」と、プンプン怒りながらも、「ああいう人は必要なのよ、実際」と、後でこっそり私に言ったことがありました。

そんなシマザキ氏の夢は、メガネ店を経営すること。師匠もこの夢を応援し続け、ついにお店がオープンしたときには足しげく通い、一番のお客様になりました。服に合わせてメガネを変えたり、楽しんでいました。一号店となった恵比寿店に続き、二号店が吉祥寺にもオープンしました。天国できっと喜んでいることでしょう。料理だけではなく、人を育てた師匠でした。

師匠が亡くなったあと、なぜか面白いフレームのメガネが私の事務所に残っていて、それを見るといろんなことを思い出します。メガネが置いてあると、まるで師匠が生きているようなんですよ。

ひじきうす味、体操教室風

ひじきをうんとうす味で煮たことありますか？　ひじきは甘辛く煮るおふくろの味的なのが通り相場ですよね。

ところが若かりし頃、ひょんなことからひじきをうすく煮ることを覚えたんです。あれはもう何年前になるかしらん。もと大女優だった人が、整美体操の先生になりました。なかなかきれいな人でスタイル抜群！　うん、私もこのような中年になりたい、今から節制してゼイ肉なんぞつけないようこころがけねばと、彼女の体操教室に通う決心をしました。

というのはまあ大義名分で、ほんとはその人がアメリカの大女優エリザベス・テイラーに似せて整形したらしいという噂《うわさ》に興味津々《しんしん》で、間近に見たきものよとのヤジ馬ごころが八割。今から体操やってて悪かろうはずがないというのが二割。

体操教室は週に一度。実際に見た先生は、髪型がエリザベス・テイラーにもっともよく似ていて、あとは目のまわりと鼻かなァ。とてもさっぱりとした気性の、いい人でした。私はなんでもやり出したら夢中になるたちで、ずいぶん一所懸命やりました。

この教室は体操の他に食事指導もあり、海藻や貝のワタなんぞを食べることをとくにすすめられました。いいと言われるとすぐその気になるたちですから、魚屋に妙な顔されつつも、どんぶりばちに一杯ほども貝のワタを買ってきて、ほんとに無理して食べたこともあります。おかげでその晩気分が悪くなってお医者さんを呼ぶさわぎと相成り、それ以来ワタは敬遠。

さて、海藻ですが、ひじきはうすくうすく煮るべしとのこと。そんなの食べられるかしらんと疑惑のマナザシを向けつつも、とにかく心酔しきっていましたゆえ、言われた通りやってみました。

いやーはじめて食べたときは間の抜けたような気がしました。だって舌が、ひじきの煮つけとは甘辛いものなりと覚えこんでいるものですから、まるで味をつけ忘れたものを食べているという感じ。でも、食べているうちになんていうかとてもさわやかな味に感じられました。

体操教室はいつのまにかやめてしまい、習ったこともほとんど忘れましたけど、このひじきのうす味煮だけは今でもよく作ります。私なりに工夫して、もっとおいしく作るようにしました。だからいくらでも食べられるんです。

あなたもちょっと興味が湧きました？　作り方を書いてみましょうか。

ひじきは水につけてよくふくらんだものをさっとゆでます。なべに上等のかつおでとっただしをたっぷり入れ、塩、しょうゆ、みりん、各少々を加えて吸いものより少しからめの味にして水気をきったひじきを入れ、十分ほど煮るだけ。温かいうちはおいしくないので、必ずさめてから食べるべし。煮汁もいっしょによそいます。冷やすとなおうまし。

ポイントはおだしがいいものであること。食べるときレモンを数滴落としてもさっぱりしていいものです。近頃は、梅干しをポトンと落として食べたりもします。

海のサラダと思って、たまにはこんなうす味仕立てもいいのではないかしら。

梅ひじき　2人分

芽ひじき（乾燥）　大さじ2

梅干し　小さめ2個

＝A＝

- だし汁（濃いめ）　1カップ
- 薄口醬油　小さじ2

【作り方】

① ひじきは洗って、10分ほど水につける。水気をきってたっぷりの熱湯でサッとゆ

で、ザルにあげて冷ます。

② Aの材料を合わせて、よーく冷やしておく。

③ 器にひじきを盛り、②をかけて梅干しをのせる。梅干しをほぐしながらしゃぼしゃぼっと汁ごと食べる。

夏ぶとり予防法

毎年夏が近づくと非常に困ることがあるのです。それはなにかと申しますと、まず私は夏に弱いタチであること。弱いゆえにスタミナをつけねばと食事に気をつけること。食事に気をつけることがなんで困るかマカ不思議でありましょうが、つまり早い話が少し太るのであります。なぜ太るかと申しますと、夏、私は人と反対に脂っこいものがほしくなるのです。暑さにすこぶる弱いくせに中国料理なんぞだとモリモリ食べられるんです。あっさりしたものばかり食べていると、ますます元気がなくなっていくような気がするんです。

夏、動物園へ行ったりすると白クマやペンギンをみるたび、心からなる同情をもよおし、私もひょっとすると前世は白クマではなかったかと思うくらい、彼らの暑がりようが身にしみるのです。梅雨《つゆ》きらい、夏きらい、真夏きらい、残暑きらい。せめて夏やせなんぞという魅力的なるひびきを持つものになるならまだしも夏ぶとりなんて、ゆるせぬではありませんか。

そこで毎年のことながら、せめて夏ぶとりは防ぐべく努力をしようと思っております。食生活もいろいろ考慮中ですが、中でも私の発明なる〝納豆入りスタミナひやむぎ〃だとオール植物性だし、自分で考え出した大好物だし、こういった料理をどんどんとり入れようと思ってます。

ちなみに〃納豆入りスタミナひやむぎ〃は納豆ぎらいでさえなかったら、誰が食べても実においしいと大好評のものなので、ちょっと書いてみましょうか。以前、ある雑誌のふろくを私が作って、その中でもこれを紹介したのですが、あれからまたまた改良というか手を加えたというか、いや、いろいろのものを加えたという方が正しいな、それで〃納豆ひやむぎ〃だったのを〃納豆入りスタミナひやむぎ〃と改名したんですから。

さて作り方はといいますと、実に簡単そのもの。ひやむぎは決してやわらかすぎにならぬようゆでて水でよくさらして冷やします。

お皿にひやむぎをたいらになるように盛り、その上に納豆を大さじ山盛り一杯くらいのせて、山のいも・長いも・てのひらいも・つくねいものうち、とろろに出来るものなら何でもよく、とにかくすりおろしたものを納豆の上からとろりとやはり大さじ山もり一杯くらいかけます。その上にこんどはびん詰めのえのき茸《だけ》を大さじ一杯かけます。まだあるんですぞ。そこへオクラをさっとゆでて小口からとんとんときざんだものを適当にパラパラと散らします（実際はかなりぬめりがあって、あまりパラパラとはいきませんがね）。

さてそろそろ仕上げに近くなってまいりました。そこでこんどはもみのりを散らします。まだありました。きざみねぎを忘れてはなりませぬ。長ねぎ・白ねぎ・あさつき、なんでもけっこう。こまかくきざんでパーラパラ。

さーていよいよこの上からつゆをかけますが、だしは超簡単にすませるつもりなら市販のそばつゆを少しうすめた濃いめのつゆを適当にかけ、練りがらし（ぜったい必要）をチョンとのっけてはい出来上がり。

ほんとにほんとにおいしいですよ。氷があれば、二〜三個入れて混ぜながら食べます。冷たい方が美味しいから。

うーん、待てよ、これだとどうも食べすぎて、またまた夏ぶとりかなあ。

弟子が語る、その後の話

「私ね、夏は苦手で大嫌い。でも、夏にはおいしいトマトやレタス、スイカ、大好物がありますね。夏は人間の身体にとって水分が必要な季節で、この時期に自然界から水分の多い野菜が出てくる。不思議で素晴らしいことです」

講演会でよく言っていた言葉です。夏には弱くて、冬より元気がなくなり、食欲も若干落ち気味の師匠は、「私は絶対夏に死ぬわ」とよく言っていましたっけ。

　師匠が倒れたのは6月のど真ん中でした。なぜ夏が、梅雨が嫌いか、深く話を聞いた記憶はありませんが、梅雨から夏にかけて、何か身体に危機感を感じていたのでしょうか。

　師匠が実際に逝ってしまったのは、師匠が大好きな雪も舞い落ちるような真冬で、お別れ会は最も好きだった桜満開の春の日でした。どの日も、何もかも、忘れることのできない日となってしまいました。

　倒れた日も命日も、私たちにとって楽しくないので、師匠の記念日は誕生日に決め、生誕祭！とすることにしました。

有言実行、進行形

なんと、私はやせてきたんですよ！　断固やせると宣言し、一度太ったものの、二か月後には、やせてきたのです。なにゆえそうやせたかったかというと、未婚、新婚時代はすこぶるおやせさんだったから、少しでも体重がふえると、太りすぎに思えてならないのです。結婚して四年目、盲腸《もうちょう》の手術をした頃からちょこちょこと肉がつきはじめ、あら嬉しやと思ううちまた肉がつき、もうあんまり嬉しくない！　とほざきはじめたのであります。

それに、テレビ映りが実物以上に太めにうつり、最近会わなかった人たちから「テレビ見たけどずい分太ったわね、○○キロぐらいあるでしょう」と、○○キロが私の実際の体重より必ず多めに言われるのです。それが、まだあるんですぞ。「太るの当たり前よォ、中年太りじゃない？」なんて言われるのがシャク。何も急に肉がつきはじめたわけでなくとにかく「いいえ！　盲腸を取ったためざんす！」とすべて小指大の失った代物のせいにしているんですが「そうお？　盲腸でェ？　ほんとォ？」とさい疑のマナコ。

さてまあ前置きはこのくらいにしておきましょう。私は月はじめともなると今月からやせるぞォというのが月例と相成り、たび重なれば夫などはホホンとハナ先で笑い、ついにはホホンすらもなく、チラとも見ない。そこである時わが身一人で固く心に決め、有言不実行の汚名返上、不言実行、いや、読者にこうして話すのだから有言実行の決意にて、次なる食生活にとりかかった次第。

まずですね。朝起きたらすぐに水をコップ一杯のみます。これ便秘予防。だって、出すものを出さなかったら必要以上に血となり肉となっていくの当然ですもの。

さて朝食、これはごはんでもパンでもとにかく今まで食べていた量の半分に減らすのです。ちょうど半分。それより少なめ、なんてことはしないで。それから紅茶でもコーヒーでもさとう抜き。おかげでブラックの方がずっと好きになりました。ただしコーヒーはアメリカン、つまり薄くしています。あとは卵でも何でも今までどおりの量。パンにジャムも少量ならOK。ある日の私の平日メニューは、食パン半切れ、バター、ジャム、ゆで卵一個、トマトかオレンジのジュースor果物、チーズ一切れ、コーヒーor紅茶orミルク。

ね、かなり食べるでしょう。朝からしっかり食べるのは大原則なり。

次は昼食です。昼食は質にはあまり気をつかいませんが、ただ、量に気をつけます。どんなに食べてもふつうの量の⅔どまり。本当は½でありたいのですが、あんまり急にそんなことするると、人に、あらどうして食用ガエルの声がするのかしら、と言われそう。おなかが鳴るのって、鳴らすまいとすればするほど大きな音になり、食用ガエルの声に似てきます。ただし、外食の時には残しません。イヤラシイです、ダイエットのためだなんて。

昼食のあと、夕食まで何も食べないのが理想的ですが、三時のおやつというのをつい食べてしまいます。ただしこれは食べない日も多し。食べる時は甘いものよりおせんべいをなんて思わない。甘いものは、私にとっては人生の楽しみのひとつでもあるので、これをむやみに制限するのは精神衛生上よくないのでできればひかえめという程度。そのかわり、料理にはほとんどさとうを使いません。ぜったいに使ったほうがおいしいというものにはむろん使います。だって、高野豆腐の含め煮なんて、おさとうぬきには考えられないですよね。

いよいよ夕食ですが、昼食は量に気を使い、夕食は質を重くみます。といっても、なにも山海の珍味をというわけでなく、栄養的にかたよらないことを考慮して、私流に大ざっぱに考えやすくしました。

一日にこれだけはとりたいというものがあり、それは、牛乳、卵、緑黄色野菜、いも、豆、魚や肉類の蛋白質、などです。これさえ頭に入れておけば、朝、昼、食べたものをずらっと思い浮かべて、足りないものを夕食で補うようにします。

そうはいっても欠けるものがあったら、翌日には必ずといったふうに、食事を考える時にはこれらの食べ物がいつもほうふつと湧いてくるようにくせをつけてしまいます。やせるためには、減食よりも栄養のバランスが大事だからです。しかし、毎食毎食栄養のバランスを考えるのはたいへんですから、一日のうちにとりさえすればと思うと、案外らくなものです。夕食のパンやごはんはダイエット中のみぐぐっとひかえて⅓くらいに。もし½くらいは食べたいというのであれば、朝か昼にその分をひかえても同じことです。

パンも大好きなのに、なぜかごはんよりパンのほうがひかえやすいので、夕食のおかずは洋風になりがちですが、おかずの量はわりと多いんですよ。どうも食べない話より、食べる話の方が多いわァと言われそう。ところがまだありましてね。

デザートにヨーグルトをたっぷり食べるんです。無糖ヨーグルトに少し甘みをつけて、果物は夜食べるより朝食べる方がいいそうなのでそうしています。

ただし、すごーくやせたいという人にはむきませんよ。あくまでも、もう少しやせたいという程度の人むきなのですから、食べながらやせていきたいといった虫のいい人にはうってつけだと思いますが……。

おなかいっぱい食べてやせたい人には、私の本『小林カツ代のダイエットおかず』（海竜社刊）がおすすめ。ぱっちり三キロはやせます。

高野豆腐の含め煮　作りやすい分量

高野豆腐　4枚

〈煮汁〉

だし汁　3カップ
砂糖　大さじ1
みりん　大さじ1
酒　大さじ1
薄口醬油　大さじ1

【作り方】

① 高野豆腐は袋の表示通りに戻し、手のひらで押さえて水けをしぼる。水で戻さないタイプもあるので、袋の表示を確認して下さい。

② 鍋に煮汁の材料を合わせて静かに煮立て、高野豆腐を並べ入れる。落とし蓋をして、さらに上から鍋の蓋をして、20分くらいじっくりと弱火で煮含める。そのま

ま冷めるまでおいて、味をよく含ませる。

えー、お好み焼きでござい

　寒くなりますと、私はしばしばお好み焼きをします。私の生まれ故郷である大阪には、おいしいお好み焼き屋さんがたくさんあって、よく食べに行ったものです。お店屋さんのお好み焼きはたいていケチャップやマヨネーズ、ぬり辛子を添えてくれますのでなんとなくつけて食べますが、ほんとはそういうのつけないほうがおいしいと言う人もあり。

　さて、あなたはご自分でお好み焼きを作るとき、どんな風にされますか？

　材料全部を混ぜてしまってから焼きます？

　私はね、油を熱してまず豚肉の薄切りを何枚かきれいに並べ、ジュッジュッと焼けたところへ塩をパッパと振りかけ、焦げ目がついたところに卵をポン！　と落とします。その上にキャベツと小麦粉の水溶きの混ぜたのをじゃーっと広げるんです。こうした方がみんな混ぜてから焼くより、肉が香ばしくなってぐーんとおいしいですよ。こうすーくって広い、中までよく火の通ったお好み焼きの方が好きなので、出来るだけ広げますが、なかなかむずかしい。なぜなら、自分のを焼くときは、とてつもなくやわらかいタネ（小麦粉と水）で作るんです。だからまったくちっとも上達せず、裏返すときいつも失敗し、ぐちゃぐちゃにしてしまいます。そうなるとやけくそも手伝って、めったやたらコテでたたいてのばしにのばします。このときばかりは料理研究家ではなくて、浪花生まれのカッチャンになりきるのです。

せっかくおいしそうに焼けていた肉も卵も生焼けの小麦粉の部分とでまだらまだらと相成りますが、そこをねらって紅しょうがと青のり、かつお粉をぶっかけるのであります。この際大事なことはいくら食品衛生法がきびしくとも、私は真っ赤っ赤の紅しょうがでなければ承知出来ません。あんな薄ぼけた自然色はお好み焼きに合いませぬ。真っ赤な紅しょうがが、チラホラあるところにお好み焼きのだいご味があると信じて疑わず、たとえ胃の中が夕やけ小やけのごときになろうとも、私は紅しょうがを使うでありましょう。

話がちと横道にそれている間においしそうに焼けてまいりましたから、そこへ今度はどんどぼりんにとんかつソースをばかけて、またジュッと焦げ目をつけます。何ともはや見ためはひどい。日曜のおやつどきに焼いていたら夫など見ただけで「オレいらないよ」と有難いことを言ってくれます。ところが、こちとらが口のまわりをソースだらけにしてゆうゆうと食べ始めると、あまりにおいしそうな顔をしているためか「やっぱり焼いてもらおうか、豚肉と卵だけで」てなこと言い出してまったくやっかい。

「それだとピカタ（豚肉と卵の黄金焼き）やないの。お好み焼きとはちがうわよオ」などと言っても「うんいい、いい、そのピカタとやらを頼む」。結局はピカタを焼きに立ち上がらねばならず、休日のお昼お好み焼きを楽しむには、亭主のいないときに限ります。

お好み焼きという代物、見るからに太りそうですが、そうじゃないんですってね。肉と卵と野菜、少量の小麦粉が材料ゆえ、むしろ美容食に近いという説あり。それを固く信じて、これからもますます広々としたお好み焼きを焼いて、モリモリ食べることにします。なに、お好み焼きは健康美容食、そう思って食べればいいのですよ。

大阪お好み焼き　2人分

キャベツ　3〜4枚

〈生地〉

水　¾カップ

卵　1個

小麦粉　½カップ

└山芋　¼カップ
サラダ油　少々
桜えび　大さじ山盛り2
豚肩ロース薄切り肉　4枚
紅生姜　好きなだけ
とんかつソース・かつおぶし・青のり　適量

【作り方】

① キャベツは細切りにする。
② ボウルに生地の水と卵を混ぜ、小麦粉を加えて泡立て器で混ぜる。そこに山芋も加えて混ぜ合わせる。
③ ②の生地にキャベツを加えて混ぜる。フライパンを温めてサラダ油を薄くひき、③の生地を少しとっておいて、½量ずつ流し、丸く広げる。
④ すぐに桜えび、豚肉、紅生姜をのせて、少し残しておいた生地をかけて中火で焼く。周りが乾いてきたら裏返して、つぶさないように両面こんがり焼く。
⑤ 火を弱め、とんかつソースをぬって好みでマヨネーズをかけ、かつおぶしと青のりを振る。

＊山芋はとろろにする芋のことで、地域によって長芋・大和芋などのこと。

……でもデザートはかくも美味し

アイスクリーム余談

私は、市販のベタベタアイスクリームがあまり好きでないため、うちでよく作ります。

テレビ局でわが家のアイスクリームをお目にかけることになりました。とても熱心なスタッフたちで、当日までに私の示した分量、作り方によっていく度も作ってみるとのことです。私は本番の日に二種類のアイスクリームを作ることになっており、一つは牛乳、一つは生クリームを使うことにしていました。生クリームの方は実に簡単というか乱暴というか、とにかく生クリームとさとうと新鮮な卵黄をただかき混ぜてフリーザーか製氷室で冷やせばよいという代物。そのむね、スタッフに伝えておきましたが出来上がりが心配で問いあわせてみました。スタッフは若い人たちでしたから、たぶん生クリームのほうがぜったい好評だろうと予想していたところ、「いえ、牛乳を使ったほうのがおいしいようです。生クリームのほうはちょっと濃厚すぎまして……」と意外な返事。濃厚すぎるとはちと変だなと思いましたが、分量も合っているし、きっとあっさり好みの人たちなんだろうと別だん気にもとめませんでした。

そして本番当日の朝、リハーサル用に作っておいてくれたアイスクリームを見て驚きました。牛乳のはよく出来ているのですが、例の生クリームを使ったのはまるでバターのごとくこってりと黄色く、固いのです。なめてみてまたびっくり、まさしくバターです。さとう味はしますがその濃厚なこと！　よくこんなにうまく出来たと思うくらいにバターそっくりなんです。分量と作り方をもう一度照らしあわせてみました。生クリーム一本、卵黄小二個、さとう大さじ三杯、バニラ少々、間違いありません。これらをなめらかにかき混ぜる——作り方、これまたその通り。

「それから牛乳の時と同じように弱火でゆっくり火を通しました」

「ええっ⁉」

やっとわかりましたぞ。生クリームの場合は火を通さず、ガチャガチャとかき混ぜただけのものをそのまま冷やせばよかったのですが、私の説明不足から、スタッフの人たちはていねいに火を通してくれたというわけ。アイスクリームとは違う味でしたが、少し甘いバターという感じで面白い味でした。パンにつけると合うでしょう。

なぞが解けてみんなで大笑いしました。でもまったく意外な発見をしたものです。生クリームを使ったアイスクリームの材料をゆっくり煮ると、あんな風に色といい味といいバターそっくりになるなんて思ってもみませんでした。もし読者の中で、もの好きな方がいらっしゃいましたらぜひ一度お作りになってみてはいかがでしょう？

なしです。

それに火を通すので安心ですし。ただ、なめらかにしないと、ダマダマになったら台

さて、この日は録画でしたから、放送当日はゆっくり自宅で己が姿、己がアイスクリームを見ることが出来ました。己が姿の方はいただけませんが、アイスクリームの方はとてもおいしそうで、見終わったとたんすごーく食べたくなりました。あいにく作りおきはありませんし、近くのお店で買い物のついでに買うことにしました。ベタベタでもなんでもとにかく無性に食べたかったのです。

「あのー、このアイスください」

「あーら、いいんですか？　こんなアイスで」

「⁉」

「今日テレビで見ましたよオ。アイスクリームはぜひ家庭で作りましょう、手作りのを食べたらとてもお店屋のは食べられませんよ、てなこと言ってたじゃないですか、ウヒウヒ」

弟子が語る、その後の話

テレビの料理番組では、
司会「これを食べたら、買ったものは食べられませんねえ」
先生「ええ、まあ」
なんていうやりとりの直後にコマーシャルに入ってさようなら、という締めくくりの流れがよくあります。そうした手づくり至上主義に息苦しさを感じていたのか、テレビ局からの帰りに、「ああいう感じの台本仕立てにしようとするのが、テレビの好かんところだ」（誤解のないように申し上げますが、すべてではないです）と、憤慨していることがありました。晩年など、そうしたシチュエーションに慣れてきて、「いいえ、買ったものも食べます！」といったような発言をすべり込ませることが上手になりました。してやったりの笑顔で。

手作りの簡単アイスクリームは夏の小林家の定番だったと思いますが、デパートの屋上や遊園地のソフトクリームやアイスキャンディ、お祭りで並ぶ真っ赤っかのりんごあめ、舌が青くなっちゃうかき氷も買っていたことでしょう。その横には、子どもたちの笑顔があったはずです。

１９８６年頃だったでしょうか、アメリカのサンタバーバラで２週間ほど師匠と過ごしました。そこで出会った、無脂肪のアイスクリームショップに感動して毎日通いつめ、ヘソ出しルックで無邪気にアイスクリームを食べていた師匠（ん？　いくつでしたっけね、お年……）。

「日本でも低脂肪はあるけれど、すっぽり脂肪分をぬいた牛乳がまだないのよね」。

2015年の今、日本にも脂肪分ゼロの牛乳もヨーグルトもありますよ、師匠。

まぼろしのケーキ

同じマンションに住んでいたKさんは私のもっとも親しい友人の一人でした。

ある日、彼女から電話あり、

「今、あなたに教わったバタースポンジケーキ焼いてるの。でもね、大失敗。卵泡立てるの忘れてポンポンと直接粉の上にわり入れたの。それにバターやおさとう入れる順序だってゴチャゴチャになったので、めったやたらかき回してベーキングパウダーほうりこんで焼いちゃった」

Kさんと私とはまるで一卵性双生児のごとくよく似た性格なのですがひとつ大きく違う点は、彼女は大の料理ぎらいであること。それでも子どもたちのためにお手製のケーキなんぞ作ろうかという母心を持ちはじめた時期だったのであります。

しかしながら、先程の電話のごとくいつも手順や何かがどこかで狂い、私の教えた料理とはまるっきりちがったものを、「ミセス小林に習った料理よ」と夫に食べさせているらしい。

三十分ほど経ってまた電話。

「ニュースニュース、大成功！　ちょっと焼きすぎたけどすごーくおいしいの。これからも私、卵の泡立てなんかぜーんぜんやる気なし。もうベーキングパウダーをバッカスッカ放りこんじゃう、とにかく見にきて」と鼻高々。彼女の家には数分とかからぬ近さゆえすっ飛んでいきました。

なんと彼女、なにやら黒ーい物体を相手に、スプーンでガリリガリリと表面をこそげています。

「それがケーキ⁉」

「うーん、やっぱりちと焼けすぎたかなあ」

「焼けすぎもなにも、こんなケーキ見たことない」

半信半疑の私に、その物体から三角状に切りとってくれました。

「おーいしい！」。それはほんとに見かけとは大ちがいで、中はふんわり味まろやか。これなら私だって、右手が痛くなるほど懸命に卵を泡立てるなんてばからしい。それに、いわゆる泡立てなしで出来るパウンドケーキとはまったく違う味。

料理ぎらいの彼女もこのケーキ以来、こんなに楽々出来るのならと毎日焼く意気込み。

翌日、

「へんなのよ、きょうのは。まるで蒸しパンかたくなったみたいにカチカチなの」

翌々日、

「表面が黒くなるまで焼いてもみたけど、焦げくさくって食べられないの」

翌々々日、

「すっごくふくらんで大成功と思ったのに、中があなぼこだらけ」

などという電話だけならまだしも、あとでそれを持ってきて、その都度私にまで食べることを強制するので、〝順序メチャメチャ卵の泡立てなしベーキングパウダー入りケーキ〟はあきらめて、ちゃんと作ってみたらと言うのですが、

「いえいえ、小休止してまたやってみますぞ」

としつこいしつこい。しかし、ほんとに不思議。あれはまぼろしのケーキであったのか。

弟子が語る、その後の話

ケーキというのはおかずと違って手順を間違えたり、分量などある一定のルールから外れると結果がガラリと変わり、どうにもならない失敗に至ってしまいます。

私が弟子入りしたばかりのころ、先輩弟子の節子さんと撮影のためのマフィンを焼

いていました。師匠は打ち合わせのためおでかけ。なぜかマフィンの膨らみが、うまく理想通りに焼き上がりません。

「もう一度焼いてみよう」

ふたりで同じように焼きましたが、結果は同じでした。

「うーん、なぜだろう」

そこで、手順の一部を変更したところ、ふっくら、ぽっこり、おいしそうに焼けたのです。失敗作は……ええい、捨てちゃえと、ふたりでゴミ箱の奥に追いやりました。まもなく師匠が帰宅。そそくさそそくさと落ち着きのない、いつもと様子の違う節子さんに何か感づいたのでしょうか。「あら、明日の準備できたのねー、おつかれさま！　そうだ、今朝、大事な子どもの手紙を捨てちゃったみたい」そう言って、師匠はゴミ箱の中を探し始めました。

「あーっ！」。叫ぶ節子さん、思わず私も「あっ！」。

……その後、ふたり揃って大目玉をくらったのは言うまでもありません。もったいない、ということはもちろん、自分のメンツやプライドを守るためにウソをつくのは人として最もだめだと叱られた私たちでした。

三色だんご物語

春が近づくと私は三色だんごが食べたくなります。つまり花見だんごですな。ピンク（この場合桃色と書くとなぜか食欲が湧きませぬ）と若草色と白のだんごがくしにさしてあるやつ、あれが好きなのであります。ただし、中にあんこが入っていてはいけないのです。なぜいけないかというとさしたる理由はなく、とにかくあんこなどぜったい入っていない三色だんご。秋の月見だんごだってあんこなど入ってないでしょう。

だのに東京へ来て三色だんごにめぐり合いやれ嬉しやと買うたれば、あの小《こ》っちゃいだんごの中にたっぷりあんこが入ってました。三色ともぜーんぶ入ってました。もっとも、一色だけに入ってたなんてほうが奇妙でしょうがね。

わが故郷の大阪にはあんこなしの三色だんごがいつでも売っています。

なぜかくも三色だんごが好きになったか。これにはちょっとした思い出があるからです。われながらどうにもうかつで、親不孝にあきれかえったことなのですが、まだ私が短大在学中（それも一年生の時）のこと、電車の中で料理学校の生徒募集の広告を春休みに見たのです。（フム、料理も面白そうだわい、ひとつ習ってみるか）といとも気軽に思い、帰って母に話すと「いいわよ」。これまたいとも気軽。入学金となぜか半年分の月謝の前払いは決して安いものではありませんでした。

それが春休み中の講習と思いこんでいたうかつさ。春休みだけの講習が半年分のお金を取るわけもないのにまったくわれながらあきれはてます。ウン万円はしたであろうにわが母も気づかず、まあ似たりよったりの親子。

はた！　と気がついたのは何もかも手続きが済んで、入学案内書をくわしく読んでから。

つまり、四月からの料理学校の新入生募集だったのです。料理学校の入学式が、学校の新学期よりほんのちょっと早かったので、入学式には参加しました。その次にはたった一日だけ出席することが出来たけどあとはパー。

その記念すべき第一回というかたった一回の講義は、竹の子ごはんと船場《せんば》汁《じる》（大阪の船場というところで古くから伝わっている塩サバと大根の吸いもの）と三色だんご。まったくヘンなメニューです。なにしろ私は今でこそ料理の道に入りましたが当時は台所へ足をふみ入れるのはつまみ食いする時ぐらい。ですから食べることにはなれていても、作ることとなるとすべて新鮮でした。

しかし、三色だんごは上新粉を蒸してよくつき、さとうをまぜて手で丸め、くしにさしたらはいおしまい、というのはどうも……と思いました。だって人の手でくるくる丸めたものをそのまま口に入れるのですもの。

　そこで私は丸め役を志願。手を石けんで洗いに洗い、だんごが石けんくさくなるのではと思えるほどよく洗ってくるくる、くるくる全員のを丸めました。だって見ていると、みんなあんまり手をていねいに洗わないいんだもの。

　いやーおいしかった。今まで食べたどの三色だんごよりおいしかった。もっとも、おいしかったのは私ひとりだったかもしれません。他人さまの手で丸めたのはなんとなく気持ちわるーいと思った人もあったでしょうね、私のように。

　そんなわけでそれ以来三色だんごが大好きになったのです。とにかくあの時の料理学校で習ったのはあとにも先にも竹の子ごはんと船場汁とこの三色だんごだけだったのですから何と高い三色だんごよ。それに、せっかく習ったのに自分ではめったに作らず、春近くなると買うのが楽しみなんて言ってるのですから。

　いや、そんなことより今もっと大事なことに気がついた。大阪へ帰るごと三色だんごを買ってますが、待てよ、あれは他人さまの手でくるくる丸めているではないか。武骨《ぶこつ》なるおっさんの手でくるくるくるくる？

三色だんご　作りやすい分量

白玉粉　150g
砂糖　大さじ4
塩　少々
ぬるま湯　¾カップ〜

春菊　2〜3本（30g）
食紅　ほんの少々

【作り方】

① ボウルに白玉粉、砂糖、塩を混ぜ合わせ、そこに分量のぬるま湯をまわしかけて15分ほどおく。こねて、生地がなめらかにまとまったら、3等分する。生地が乾かないように絞った布巾をかけておく。

② 緑だんご……春菊はゆで、粗熱が取れたら、ギュッと絞り、包丁で細かく刻む。さらにすり鉢でよくする。生地を1つ入れてこねながら春菊をしっかり混ぜ込む。直径2㎝くらいに丸める。

③ 桃色だんご……食紅を少量の水で溶き、様子をみながら生地に加えて、かわいい桃色になるまでこね混ぜる。まんべんなく混ざったら、直径2㎝くらいに丸める。

④　白だんご……残りの生地ももう一度こねて、直径2㎝くらいに丸める。
※水けがなくなってモロモロする様なら、手に水をつけながら練る。

⑤　湯を沸かして、だんごを茹でる。沈んだだんごが浮かび上がって1～2分したら引き上げて水にとる。何度か水をかえてよく冷やす。串が長ければ程よい長さに切り、水でぬらして三色のだんごを刺す。

＊大阪の花見だんごとは違いますが、おやつにうれしい白玉で作りました。

フランスへ行かずしてアントルメを語る

フランス料理でのアントルメとは食事の最後に食べるもので、つまりはデザート。これは実に楽しみなものです。といっても、私などになじみのアントルメといえば、まあババロアやゼリー、アイスクリームというところでしょうか。

とくにババロアは好きです。やたらと生クリームが入った甘ったるいのより、卵白を泡立てたもの入りのが好き。母もババロアが大好きでした。

ババロアとひとくちにいっても、その種類は何十種、いやもっともっとあります。ゼリーと違ってババロアは作るのにわりと手間がかかるでしょ。それなのに食べるときはそれこそあっという間にのどの奥へスルリ。

作るのはあっという間で、食べるのは時間をかけてゆっくり楽しめるというふうにいかないものでしょうかね。

いつだったかババロア作りで失敗というか、恥ずかしいというか、ま、例によってのことがありました。

ある時、かなりの人数を前にして、大きな器でババロア・オ・ヴァニーユ（バニラ入りババロア）を作ってみせたときのことです。

「ほらごらんください。こんなにきれいにかたまりました。では、これからお皿に移してみなさんに試食していただきます」

などといとも軽々と言いつつ、お皿に移そうとしたのですがかのババロア、とんと動いてくれません。少々冷蔵庫で冷えすぎ固まりすぎであったようです。

ちょっとぬるま湯につけてから、「えいやっ」かけ声もろとも思いっきりババロアの器をお皿めがけてふりおろさば……。

いともスルリと、いとも美しく、ババロア・オ・ヴァニーユは、最前列の女性の足元にぐっしゃ。

「あー」という女性たちの落胆、それにも増して当講師の落胆、ご想像あれかし。


濃厚な料理を食べた後のアイスクリームもいいですねえ。フランスの人から聞いた話では、あちらのアイスクリームはゼラチンを多く使っているのか舌にとろける感じが実にまろやかとのこと。日本でもアイスクリームはゴマンとあるけど、ホテルや高級レストランにでも行かないと、舌にとろけるような、それでいてつめたーいアイスクリームにはめったにお目にかかれませんね。ちなみに、アイスクリームのことをフランス語でグラス・ア・ラ・クレームと申します。

などと辞書を片手にこんなことといってるよりは、すぐにもフランスへ行き、本場のアントルメをこの舌でしかと味わってきたいものです。お金とひまをくださって、仕事もかわってやろうという神サマのような人はいませぬか。いないでしょうねえ。

ではすごすごと台所へ戻り、今夜のデザート、ポーム・ファルシイ・ア・ラ・フィネットでも作ります。

いいえ、なに、つまりは焼きりんごのことでございますよ、はい。

焼きりんごでございます！　2人分

りんご（できれば紅玉）　2個
砂糖　大さじ山盛り2
ワイン　小さじ2
バター　大さじ2

【作り方】

① りんごは小さいスプーンで芯をくりぬく様に掘ってのぞく。りんごに2㎝間隔くらいの放射状に、上から7分目くらいまで切り込みを入れる。

② りんごをアルミ箔にのせて、くりぬいた穴に砂糖、ワイン、バターを入れ、上を

少しあけて包む。

③ オーブンの天板1枚に水をはって下段に入れ、別の天板にりんごを並べて中段に入れる。180℃で40〜60分焼く。

＊食べるときに好みでシナモンをふったり、泡立てた生クリームをかけて食べる。熱々でも冷めても美味しい。

三色ゼリーをあなたもいかが

よく外国映画などで、たらふく肉料理を食べた後、こってりと甘そうなケーキを口いっぱいにほおばっていたりする光景を見かけますが、ああいうの日本ではまだなじみがうすいんじゃないでしょうか。お菓子を食べるといえばたいていおやつどきとか、夕食がそろそろ消化したかなと思う夜のだんらんのひとときとか。

それというのも、むこうの料理はほとんどさとうを使わないから、甘いものもわりにすいすい口へ入るんじゃないかと思います。私のような食い気人間でも、食後すぐには、やはり口あたりのいい水菓子、つまり果物とか、冷たいお菓子、しゃれて申さばアントルメ・フロワ、ざっくばらんに申さばゼリーとかプリン、ブラマンジェのたぐいがよろしいようです。

あるとき、夫が、友人の中でも秀才中の秀才を連れてくるとのたまい、鈍才中の鈍才の私は胸がドキドキしました。その夜夫と共に現れた秀才氏、なるほど脳みそがガッポリつまっているといった風ぼうです。とてもヤセヤセ、ホネホネさんですが、それがいかにも合っていて、めがねの奥には知的な目がキラリ。独身寮にいた彼に、食べ物の話だと秀鈍カンケイなく話せますから、

「あのーお好きなものは何ですか？」と聞きました。

「ゼリーです」

憂愁の影にみちみちた声が返ってきました。

「ゼリー!?」

「ええ、そうです」

べつだん照れた様子もなく、たばこの煙の中ではじめてにっとわらいました。以来、私は彼が遊びに来るたびにゼリーを作りました。うちの夫もこういったものが好きなので、わりと得意なんですよ。だから来るたび違うのを作りました。秀才氏が最も感激したのは三色ゼリーです。

「三階だてですかー、一階はチョコ、二階はミルク、三階はストロベリーですね」

ひと口入れて、

「フーム、口の中で実に面白いハーモニーをかもし出す、フーム、実にうまいです」

無口な彼もゼリーを食べるときだけは別です。ゼリーのようにとろけるような笑顔で食べてくれました。

三色ゼリーってほんとのところわりと面倒ですよね。ゼラチンとさとうを溶かした牛乳を三等分して、ひとつにはチョコレート、ひとつにはいちごの汁かエッセンスを、残りは白いまま、それをピンクがトップにくるようにいちご色のを一番底にして一段ずつ固まるのを待たなきゃいけないのですもの。一色のゼリーの三倍の時間がかかります。

それでも、これはほんとおいしいです。一度こりにこって、五色にしたことがあります。あと二色をグリーンティーとオレンジジュースで作りました。手間ひまかけたのに結果は……。

だーめでした。口の中ではこの五色が入り混じって、複雑怪奇な味がするばかり。過ぎたるは及ばざるがごとし、の典型的お手本でございました。

あなたも三色ゼリーをぜひどうぞ。スマートな秀才美人になれるかも！　私はちと手遅れでございましたが……。

弟子が語る、その後の話

多忙に拍車がかかり、スタッフや弟子も増え、お母さん料理研究家というより、まるで相撲部屋のおかみさんのようだった師匠。どんどん自分の時間が削減されていきました。

現代は時短料理のオンパレードです。5分、10分で作り上げる料理が求められていますが、正直言って肉の中心部に火が通る安全圏は10分だと思いますし、材料を洗ったり切ったりすることを思えば、果たして……。

師匠のスピード料理は、作る人の心をかる〜くしてくれるあたたかいものだった、と思います。時間をあおりたてる時短レシピに囲まれていると、ちょっと心が痛いときがあります。

師匠からほとんどのものを教わり、食べさせてもらってきたつもりでしたが、アレレ、222ページの「おぞう煮」と、この「三色ゼリー」は食べたことがありません。クリスマスやひなまつりに見かけた記憶はあるのですが。作り方を読むと、かなり手間がかかっています。このゼリーを食べた男性は、今どうしていらっしゃるかしら。その人の心の中に生きている料理。師匠に食べさせてもらったおやつは忘れることはできません。人生の中でひとつやふたつ、そういうめんどうな料理をするときがあってもいいんじゃないかな。

スイカとメロン

夏は私の大好物スイカのシーズンであります。私ほどスイカの好きな人間がおりましょうか。とにかく毎日毎日朝昼晩と食べてもなおあきずそれどころか蒸し暑い夏の夜をやっとこさ寝ついて、イビキのひとつも出ようかというころ、かのスイカが夢で、それもカラーで現れるのでございます。ほんとに現れるんですよ、真っ赤のがカラーで。

するとも、もうガバッとはねおきて、たしかまだ一切れくらいは冷蔵庫に残っていたはずよとガサゴソせずにはおれません。人の寝静まったるうしみつ時、口のまわりを真っ赤にしてスイカにかぶりつくなんて図はさながら吸血鬼のごときでしょう。

ゆえに夏ともなりますれば、スイカ買いで夫は忙しくなります。私のようなヤマトナデシコはもっぱら食べることのみ専念し、とてもあの、どでかいボーリングの玉のような代物は持てません。それに、持てたとしてもかっこうが悪いです。

はじめての子がお腹にいて、暑いさなか、とんと食欲が湧かない時でさえスイカだけはどんどこ食べました。大きなお腹でスイカを食べる図も何やら共食いの感ありで、これもあまりぱっといたしません。

しかし、はたと考えました。安心して食べられる食品の少ない昨今、ひょっとしてスイカに使う農薬とか肥料とかその他何か問題になったとき、真っ先におかしくなるのはこの私ではあるまいか。さすれば子どもにだって影響が出るかもしれないと。

そんな折、友人から電話があったので目下の心配を話しましたところ、「同じものばっかり食べていて心配なら、ときどきは小玉スイカも食べるようにしたら?」しごくあっさりといともまじめな声がかえってきました。彼女は高校のとき化学、生物つねにオール5、大学では食品学もかじったはず、小玉スイカも大きいスイカも成分に変わりはないでしょうに、彼女が栄養士として働いている職場の人たちの胃袋はだいじょうぶなりやと案ぜられます。

それでも三日ほどはセーブしていましたがすぐもと通り、出産の日まで食べておりました。幸い、スイカのように丸々とした赤ん坊がポンと出てきましたが。

メロンもスイカ同様好物なのですが、ほんとにおいしいものは高価なのがシャクですし、それに皮に近い部分も身の部分も色があまり違わないのが困ります。

なにゆえ困るかと申さば、わが結婚式の日、披露宴《ひろうえん》で出されたメロンを、ただただ夢中で食べ、気がついたときはかろうじて立っているといったまさに薄皮一枚。どの人も、実がまだたっぷりついたでんとしたものを残しているというのに、花も恥じろう花嫁が薄皮一枚になるまでこそげ食べたなんて、あのとき私はメロンの皮と共に消えてしまいたかった……。朝からなにひとつ食べず、やっと料理が出てきてもなかなか食べるチャンスがなく、祝辞やスピーチも終わったデザートならと、ついつい自分が花嫁だということを忘れておりました。

その点スイカは良いです。実と皮がちゃんと色分けされてます。いくら好きとはいえ、あの緑のシマシマもようの部分にまで侵入はしませんから。

弟子が語る、その後の話

スイカ、本当に好きでしたねえ。八百屋さんで買うときなど、おいしいスイカは叩けばわかる、などとおっしゃる方もいらっしゃいますが、なかなかわかりません。師匠の場合、丸ごとでなく半分に切ったものを買うのですが、その切り口からどう判断していたのでしょう。見極める眼力？　集中力？　お見事なもので、まず失敗はありませんでした。

ちなみに弟子の私はスイカが苦手。

「かわいそーねえ、あなた、こんなおいしいものが食べたくないなんて！」

「じゃあ、その真ん中の、上の部分だけひと口ちょうだい」

「だめ〜っ。皮ギリギリまできれいに食べる人以外、スイカは食べちゃいけないのっ」

めったにお取り寄せをしなかった師匠ですが、味噌、水茄子、そしてスイカは例外でした。千葉県の農家から送られてくるスイカは、いつも当たり外れがありませんでした。

「夏ぶとり予防法」にもありますように、夏嫌い宣言とともに、スイカをおやつに食べる師匠の姿は、キッチンスタジオの夏の風物詩でもあったのです。

私の四季の味

お正月の味

生まれも育ちも根っからの浪花っ子の私ですが、東京の水がよく合って、今では心地よく住んでいます。ただ、年の暮れに仕事か何かで関西へ行くことがあったりすると、ああ私はやっぱり浪花っ子だなあとつくづく思うのです。

ことに、京都にある〝錦《にしき》〟という食べものの宝庫のような市場に立ち寄った時など、このままここへ住みつきたいと思うほど。それから大阪の黒門町《くろもんちょう》にある市場なども。

お正月という独特の雰囲気がどんどん失われていく中で、こういった市場にたたずんだ時だけはお正月が来るんだなと、何かわくわくしたものを感じるのです。

魚屋の伊勢えび、八百屋のくわい、花屋のしめ飾りを見ながら、でもふとある物足りなさに近年気がつきました。

塩ぶり！　あれがない……。

干物屋の店頭に山とぶらさがっている鮭の荒巻はあっても、塩ぶりは見たことがありません。

幼い日、暮れが近づくと母はよく軒下に塩ぶりをぶらさげたものです。その頃の大阪の商家ではたいていの家に中庭というのがあって（私の実家も商家）、そこの軒下につるすのです。その真下にねこのマルがちょこんと座って、上を見上げてはのどをゴロゴロ。

　さて、お正月の第一日目、つまり元旦は白みそ仕立てで、丸いおもちと具がいろいろ入ったおぞう煮、二日目は水菜（京菜に似ている）と焼いたおもちが入った澄まし仕立て、三日目はもち入りのおぜんざい（関東では田舎じることという）、とにかくこんな風にしてバラエティに富んでおりました。おせち料理もどでかい重箱にぎっしり。私などはただウロチョロしていただけで手伝いなどまったくしなかったのですが、チーフ・コックである母などはさぞ大変だったろうと思います。

　こんなお正月の料理が魅力で、里帰りしないぼんさん（でっちさん）もかなりいたくらい……。

　塩ぶりは荒巻の鮭と同じく、お歳暮としてもらうことが多く、暮れになると大阪の商家の軒下にはたいてい塩ぶりがぶらさがっていたのではないでしょうか。そういえば今でこそ、さばのきずし（酢じめ）などもおせち料理になっていますが、以前は必ずさわらでやったものです。お正月料理でも、さわらがさばに変わったり、塩ぶりが荒巻に変わったり、というのはやはり時の流れでしょうね。

　塩ぶりは、三が日が過ぎてそろそろおせち料理にあきたころ、少し塩ぬきしたものを焼いて食べるのです。そのおいしさはとても鮭の比ではありません。ほどよく脂がのり、厚めに切った塩ぶりがあまりにおいしかったので、近頃のぶりなどとんと食べたくないのです。

ぶりといえば生の切り身にしかお目にかかれなくなった昨今、塩ぶりの味は大阪でも忘れ去られかけているし、ましてやお正月の味なんてことはもう全然……。

それにしても、幼い頃食べた味をなつかしむようになっては、私もそろそろトシかいなァ……。

もし塩ぶりが今でもここで買えるよオという情報をご存知の方がいらしたら、ぜひ教えてください。

弟子が語る、その後の話

水菜のお雑煮……30年以上、師匠とともに仕事をしてまいりましたわたくしですが、これ、食べたことがないっ！　撮影でも、教室でも、やったことがありません。さっそく大阪のご実家のお姉さんと姪御さんに連絡をとってみました。

「そうですよー。今も二日目は餅の焼いたの入りますワ」

おつゆはお吸いもの的な感じですか？

「はい」

師匠の娘・まりこさんにも連絡をとってみました。

「水菜のお雑煮？　そういえば、食卓で見た記憶は少しあるけれど、味の記憶はないーっ」

なぜ、作らなくなってしまったのでしょう。まりこさんいわく、

「おそらく子どもに人気がないからやめたんだと思うわ。母がやめる理由はそれが一番だもの」

大阪のご実家では、二日目の水菜の雑煮はずーっと続いています。老夫婦、孫4人、若夫婦と、総勢8人の大所帯。お正月料理ほど、その土地で生まれ、その環境にあるからこそ、おいしいと思い受け継がれていくレシピなのかもしれません。

カツ代師匠の味のベースは大阪にあるけれど、作り出すレシピは子どもの成長とともに4対6の割合で東京が優勢になっていったような気がします。

ブロッコリーは菜の花か

　夫の転勤で名古屋に住んでいたことがあります。行きつけだった八百屋さん、ご亭主はどう見ても野菜によく似ていて、頭のかっこうがなすそっくりの中年氏。ところが奥さんの方はまだ二十代らしくてかなりの美人。それゆえ、ご亭主が彼女を見るときの目はへの字が二つ並んだみたい。眉毛もへ、目もへ、まさに顔中がへへへへという感じ。にんじんもだいこんもおっぽり出して「うちの奥さん美人だろ、美人だろ」。

　奥方さまはご自分のことだと何度聞いても心地よいのか、ニタリニタリと上機嫌。いつもながら、こちとらは野菜を選ぶひまもありません。そのときふと、店のすみに無造作に放り出されてある大きな汚らしい竹のかごが目に止まりました。なかには、濃い緑のブロッコリーがごっそりと山のように入っていたのです。私はブロッコリーが大好きですが、当時そのあたりではとんと見かけたことがありませんでした。ましてや、かごいっぱいのブロッコリーなんて。大声をあげて指さしました。

「あれ欲しいけど、高いんですかァ？」

　話の腰を折られたおやじさん、チラとかごに目をやりました。

「ああ、あれかね、どういうものか今日は仕入れがばか高くってなも。おまけに今日に限ってぜんぜん売れせんで、よかったら安くしとくだでね」

　聞けば、タダみたいなねだんです。

「まったく失敗だわな、つぼみの方がええと思ったけど、こうも花がないと菜の花もきらわれるもんだなも」

「菜の花？　これ、ブロッコリーやわ」

「なんでやも、そのブロブロちゅうのは」

「ブロブロやのうてブロッコリー」

「へー、ブロッコリーねえ、菜の花じゃにゃーのかね。どうりで売れせんのだわ、そんな聞いたこともにゃあ菜っぱつかまされたんじゃあ」

「パパァ、またわけのわからんものと間違えてきたの？　この前は、レタスがパーマかけたみたいだから、チリチリーっていうんだってにがーい葉っぱ仕入れてきたときも、ちょっとも売れせんかったのに」と奥方。

「あれはチリチリーじゃなくてチコリーとかいうらしい。ほんと、にがかったなも。それで、このブロッコリーはどうやって食べるんきゃあ」

「ゆでたものをマヨネーズで食べたり油でいためたり、チーズぶっかけてオーヴンで焼いたり……そうだ、カリフラワーと同じような食べ方でいいの、おいしいわよ」

「へー、カリフラワーねえ」おふた方、同時にうなずいた。よかった、カリフラワーはご存知でした。

「するとカリフラワーくらいの値がするもんかね」

おやこれは大変、おやじ殿だんだん商売っ気が出てきた様子。ま、私へはお礼の意味もあってか、はじめの言い値どおり安く売ってくれました。彼は早速サインペンで経木《きょうぎ》に何やら書きました。のぞくと〝ブロコーリー、緑のカリフラワー〟とあります。

緑のカリフラワーとは少しインチキくさいけど、なかなかセンスがあるではありませんか。そしておねだんはピーンと上がり、でっかいかごと共にブロコーリーはお店のど真ん中に移動しました。

もっとも今やブロッコリーを知らない八百屋さんはいないでしょうが……。

ちょいと昔の話です。

弟子が語る、その後の話

師匠の野菜好きのエピソードは枚挙にいとまがありませんが、ブロッコリーの緑色で思い出した話があります。

20年ほど前、韓国のお粥に感動してオープンしたお粥レストラン「GREEN'S」。グリーンズとは緑の野菜という意味もあるそうな。スタッフ募集にやってきた、タイラくんという青年に課した採用テストが鮮やかでした。

師匠「あなた、料理はできる？」

タイラくん「それほど、できないです」

師匠「あ、そう。じゃあ今からキッチンに行ってキャベツ切ってみて」

（タイラくん、ザクリ！　キャベツをパカッとふたつに切る）

師匠「はい、合格」

この一部始終に、私は何度もホントに⁉　と師匠に聞き返してしまいました。直感力のかっちゃんとは言われておりましたが、ま、強引に考えれば、野菜と会話ができる！　と見抜いたんでしょうか。あるいは、潔さを買ったのか。先日、このことを聞くと、タイラくん本人はまったく覚えていませんでした。その後「GREEN'S」は、当時の店長コザクラくんの独立を機に閉店を決断。自分の料理を再現できる人材を探すことに、ちょっぴり疲れてしまったのかもしれません。師匠が倒れたのは、その数か月後のことだったでしょうか。

現在、タイラくんは吉祥寺・井の頭公園そばの静かな喫茶店「トムネコゴ」のマスターに、コザクラくんは三軒茶屋の焼き鳥屋さん「ラヴバード」の店主にと、それぞれ夢を叶えました。努力のたまものです。

夏の味

〝はも〟という魚をご存知ですか？

関西では夏になると必ずお魚屋さんの店先に現れる魚です。子どもの頃、私はこのはもをあまり好きではありませんでした。

小骨がすごく多い魚で毛抜きで一本一本取るなんていうことはとても出来ないらしく、上から包丁でトントンとこまかく骨切りしたものを食べます。はもの骨切りは熟練を要するので必ず魚屋さんでやってくれますが、下手な人がすると、骨はあまりよく切れていないのに、なぜか身のほうはボロボロになっているんです。

味はとても淡白。はもちり、洗い、照り焼きなどに向いています。

夫の転勤であちこちと動きましたが、関西以外ではこの魚、あまり見る機会を得ません。そのためもあるのでしょうが、私にとって、〝はも〟はふるさとへ想いをはせる郷愁の味でもあります。

関西でも夏にしか姿を見せないため、他の季節に里帰りしても食べることは出来ないのです。夏という季節、暑がりの私はあまり強くなく、青菜に塩といった風情にて日々過しておりますゆえ、東京から大阪まで、〝はも〟への対面のみに往復する元気はありませぬ。姉は、はもが大好きなので、そのためにも一生大阪に住みたいそうです。

それに私は、夏の新幹線が特にきらいで、車内の冷房はききすぎて「おお寒う!!」という状態なのに、一歩外へ出れば灼熱地獄《しゃくねつじごく》、あれがもうほんとにいや。冷房のききすぎもいやだけど、もしですぞ、トンネル内で故障でもして冷房が止まったらと思うと、いやなんてどころではなく恐ろしい。窓もドアも手で開けられないし。

一体何の話だったかな。……〝はも〟の話でございました。つまり、夏にしか食べられないので、東京暮らしの私にはめったに口に入るチャンスがないのであります。おとなになって、はものおいしさがわかるようになると、なんでこんなおいしいものきらいだったかなあとすごーく惜しい気がします。

さて、突然ですが京都にあるはも料理専門店で教わった珍しい〝はもの炊きこみごはん〟をご紹介……と言いたいところですが、はもなんぞ見たこともないという地方の方々のために、私発明のうなぎのかば焼き炊きこみごはんを紹介します。作り方は〝はもごはん〟とまったく同じ、山椒の香りのするおいしい夏のごはんです。

はもが食べたいのでうなぎでという代用品的考え方が動機ではなく、高い魚（はもも今や高級品なのです）をこま切れにしてすべての人においしく食べさせるという工夫に感心していただいた次第。どちらも夏の味ゆえ、うなぎがきらいでなかったら、「うしの日」にでも作ってみませんか?

作り方はとても簡単です。まずうなぎのかば焼き(または、はもの照り焼き)を小さく切って、お米と一緒にしょうゆ、塩、酒少々で炊きこむだけ。炊きあがったら必ず粒山椒(つくだ煮でもよい)をバラバラと入れて蒸らします。

器に盛ってからしその葉のせん切りでも散らせばもっとすてきです。

弟子が語る、その後の話

夏の味ならぬ、夏の人、というのがスタッフにいます。

師匠のもとに届いた、一通の手紙。21歳、北海道に住む女性からのものでした。ぜひ先生の店で働きたい、と書いてありました。手紙をもらって半年経った頃、師匠が突然「そうそう、あの娘さんに会わねば」と連絡をとると、飛行機で飛んできました。師匠と娘さんは、じゃがいもと玉ねぎの栽培について話をしていて、娘さんは師匠の話に静かに反論していたことを覚えています。娘さんの名はナカジマといい、その後、師匠の手がけている飲食店に欠かせぬ人材となりました。しかし、数年経ったある日、彼女は雪のペンションでも働いてみたいと言いました。師匠は常日頃、去る者追わずがモットーだったのですが、ナカジマを見送るさい、「ナカジマさん、夏には雪は降らないでしょ。夏には雪は降らないのっ」とめずらしく留め置くようなことを言ったのです。

　ナカジマは群馬のスキー場のペンションで働き始めたのですが、師匠の言葉が気になり、雪が解けすっきりした青空になった頃下山してきました。飲食店のスタッフから、師匠のもとにすぐさま連絡が入りました。「ナカジマさんおかえり。で、いつからくる？　明日？」。

　次の冬、再度ペンションに戻ったものの、翌年の雪解けとともにナカジマは戻ってまいりました。唯一、人をひきとめる行動をとった出来事だったと思います。ナカジマは現在、チーム KATSUYO のスタッフとして活躍してくれています。

紅玉よいずこ⁉

りんごの季節がくる頃……私は首を長くして待っているのです、真っ赤な紅玉《こうぎょく》にいっぱいめぐり会える日を。

紅玉りんごは、年々目にする機会がへっています。

いつだったか新聞で読みました。消費者のしこうが甘いもの甘いものと求めるようになって、いまやりんごの王者はふじ、スターキングとなり、それらに押されて紅玉はさっぱりとなってしまったと。それでりんごを作っている農家の人が紅玉りんごの木をばっさばっさと切っている写真が出ていました。私は悲しくて悲しくていてもたってもおられない気持ちになりました。

紅玉りんごをみんな粗末にしすぎたんだなと思います。ずっとずっと前、結婚してはじめての冬でした。凍るように冷たい日の夕方、買物が遅くなって帰り道を急いでいる時、八百屋の店先にころがっている袋づめりんごの山が目に入りました。全部、紅玉。

一袋に十個ほども入っていて驚くほどの安い値がついていたのです。私の両手はすでに買った野菜やその他のもので、重くてしびれそうなくらいでした。それでも近づいていって見ずにおれないほど、りんごはごろごろと横たわっていたのです。

「お客さん、もっと安くしてもいいよ」

八百屋の主人が出てきてそう言いましたが、十個のりんごはもうどうやっても持てません。それに、紅玉ではないりんごもいくつかさっき買って買物袋に入っているのです。たった二人の暮らしには十個以上のりんごは多すぎます。

私はりんごが欲しくて近よったのではなくて、りんごがかわいそうで、思わず近よったのです。このりんごを作った人がこの店先の山のように売れ残った真っ赤なりんごを見たら何と思うだろう、この八百屋さんだって売れると思うから仕入れたんだろうに、そう思うともっと悲しく、いつまでもりんごのそばにいて店の人にへんな顔をされてしまったほどです。それからもあちこちの店で、いくども紅玉が粗末に扱われているのを見ました。大事そうに並べられているふじやスターキングのほうがお客さんにも人気があるようでした。

あれからもう何年か……。りんごはどんどんでかくなり、国光までがばかでかく、まるで国中のりんごがおばけになったみたい。でっかいりんごが今や当たり前。甘いのが当たり前。おばけりんごが当たり前。

紅玉りんごだけは律儀に甘酸っぱくて小さくて、それゆえに人気が落ちていったのでしょうか。

　でもなんということ、今度は紅玉も高級品になりつつあるようです。あんまり切り倒して、きっととても少なくなったのでしょうね。

　生で食べる紅玉はたしかに少し酸っぱく、私も他のりんごに浮気をしたこともしばしばありました。でも今のおばけりんご、あれ、りんごじゃあないみたい。

　実のところ、私は生で食べるよりも、りんごはお菓子に作るのが大好きなのです。それにはぜったい紅玉でなくちゃあなりません。ぜいたくにいっぱい使いたいのです。

　紅玉……名前すらかわいいと思いません？

ダークアップルケーキ　8人分
20cm四方の耐熱容器1台
紅玉（りんご）　2〜3個
卵　2個
砂糖　100g
サラダ油　½カップ
＝A＝

小麦粉　200g
重曹　小さじ1
ベーキングパウダー　小さじ1
塩　1つまみ
ナツメグ　小さじ1
シナモン　小さじ2

レーズン　大さじ2
ラム酒　小さじ2
バターかマーガリン（塗り用）　小さじ1くらい

【作り方】

① Aの材料を粉ふるいの中でよく混ぜ合わせておく。

② レーズンはラム酒に浸けて柔らかくしておく。りんごは縦6〜8つ切りにして芯を除き、1㎝幅くらいのいちょう切りにする。

③ オーブンを200℃にセットして予熱しておく。耐熱容器にバターかマーガリンを塗っておく。

④ ボウルに卵をほぐし、砂糖、サラダ油を次々に入れ、泡立て器でよく混ぜ合わせ

る。

⑤ 砂糖がとけてもったりしたら、りんごとレーズンをラム酒ごと加えて、ヘラで底から混ぜる。合わせておいたAの粉類を一気にふるい入れて、粉けがなくなるまで底から底からさっくり混ぜる。

⑥ 耐熱容器に⑤の生地を流し入れて表面をならし、200℃のオーブンで5分焼き、180℃に下げて30~40分焼く。竹串を刺して何もついてこなければ焼き上がり。

⑦ 冷めたら12等分位に切り分ける。

そのままでも美味しいが、ヨーグルトと生クリーム、粉砂糖を混ぜたものをトロリとかけるとすごく美味しい。

＊濃い酸味と香りがりんごのお菓子には必要だったと思い知り、紅玉は再び店に出回るようになりました。秋の到来とともに紅玉をみかけたら、ぜひ作ってほしい。

若き日のイヴ

あなたはクリスマスをどう過ごされますか？

私はクリスマスが大好きです。いや、クリスマス前後が好きというべきかな。町にジングルベルの音楽が鳴りひびくだけで胸がときめくのです。強がりでもなんでもなく、ふだん私は自分の年も人の年もほとんど気にかけないほうです。でも、クリスマスだけは、若い日のまま過ごしたい。

友人に、私と同じく冬の好きな人がいて、二人は毎年冬を待ちわびました。寒くなると、まずわれわれはモコモコ毛糸の手袋かミトンをし、首には毛糸かタータンチェックの長いストールを巻き、そのくせ足はひざ小僧がかぜを引きそうなハイソックス。私だけまだもうひとつ、毛糸のフードをかぶります。冬でなくては出来ないおしゃれ、これだけで私たちは十分楽しくて、人が寒さでふるえている町並みを、腕をくんで嬉々として歩いたものです。短大を出て、同じ大学の専攻科へも行った仲良し。

クリスマスイヴ。二人は決まってFという喫茶店に入り、彼女がチョコレートパフェ、私がゼリーパフェを。

チョコレートパフェにはきざんだアーモンドやくるみが散らしてあり、ゼリーパフェは三色のゼリーが果物やクリームと混ざりあっていました。夏にふさわしい食べものを冬に食べ、夏はFのような高い喫茶店には行かなくて、もっぱら学校近くの氷屋を愛用。

Fを出ると心斎橋筋《しんさいばしすじ》をしばしぶらついて、「さいなら、また来年、いいお年を」。二人は大の仲良しだったのに、いつも必ずそれだけ。モコモコ同志はお正月は別々。

そして後日、お互いにどんなクリスマスやお正月を過ごしたかを報告しあうのです。ふしぎなことに、かんじんのクリスマスより、こうしたクリスマスイヴのならわしのほうがずっと心に残っています。それは彼女も同じで、あの年のチョコレートパフェはアーモンドが少なかったとか、私がいつも小指をピコンと立ててスプーンを持ち、赤や白のゼリーを口に運んでいたとか、なつかしげに話します。

とてもとても二人とも若かったから、モコモコ手袋もタータンチェックも、寒そうなハイソックスも、耳までつつむフードも、そしてチョコパフェやゼリーパフェすらも、私たちに似合っていたんだと思います。今の私が、小指をピコンと立ててゼリーパフェを食べても似合わないし、あの頃のあの時のクリスマスは、どうしてもうんと若くなくてはだめなのです。その頃の私たちは、ゼリーパフェやチョコパフェでさいふがすぐ軽くなり、冷たくなった胃に「おうどんが食べたいわね」と言いながらいつだって食べたことなし。

今二人が会えば、Fを出た後おうどんの一杯や二杯食べるのに不自由しないけれど、だからあの時より楽しいクリスマスイヴを過ごせるとは、ぜったいに思えないのです。

弟子が語る、その後の話

いつの日も、若い人や子どもたちには平和で楽しいクリスマスでありますようにと願い、平和への思いもどんどん強くなっていった師匠が言い続けてきたことばがあります。「食に携わる人間は、つねに政治に敏感であること」。平和あってこその食べものの話です。

師匠も我々スタッフも、クリスマスなる休日がないほど年末は仕事に追われて忙しく、そんななかであっても師匠は毎年のように七面鳥の丸焼きを焼いてくれたものでした。中に粟やもち米などを詰めて焼くのですが、ほとんどを割烹着姿の師匠が作ります。スタッフのコーダちゃんやかとうみちゃんが七面鳥の足を縛ったり、最後の仕上げを手伝うくらいで、あとは食べるだけ。

弟子入りした1982年から師匠が倒れた2005年までの23年間、私が見てきた現役バリバリ時代の師匠は、家庭と仕事の両立で寝る間もないほど忙しく時間を刻みました。それでも、クリスマスには七面鳥を焼き、お正月には塩ブリをふるまい、松前漬けとスジ肉がおいしいのよと言ってまかないを仕事場に運んできてくれました。

私はよく小林家で夕飯を食べさせてもらい、結婚しても自分に子どもが生まれるまで家に帰ろうとしないほど、それは居心地がよいものでした。

「ほら、家に帰らないと。待っている人がいるんでしょ」

そう言われて、渋々帰宅したものです。

クリスマスは何を思い出しますか？

あとがき

面白かったですか？

ここに出てきたエッセイは、『ＣＯＯＫ《クック》』という雑誌に連載していたものを中心にまとめました。エッセイも大阪弁も当時のままですが、少しだけ文章を加えたり直したところがあります。『ＣＯＯＫ』連載中の頃は、まだこうして絵もバンバン描いてました。今この本を読み返してみて、心ってね、ちっとも変わらないんだなァと改めて思いました。

解説　師・小林カツ代が伝えたかったこと

本田明子

小林カツ代の周辺には、どんなに忙しくても、穏やかなあたたかい時間がいつもありました。今、目をつむって思い出すのは、忙しい師匠ではありません。のんきにしている師匠の笑顔しか浮かんでこないのです。

「親孝行したいときには親はなし」と言いますが、私はまさしく「師匠孝行したいときに師匠なし」。そんな気持ちで、このエッセイを読み終えました。

師匠が私たち弟子に最も伝えたかったことは、意外かもしれませんが、レシピや技術ではありませんでした。平和なくして食は語れず。世界中の子どもたちがおなかいっぱい食べられること。おなかがすいた人がいないこと。そのために、食の現場を通して言い続けること、訴えていくこと——。

かくして、この解説を書いている今日は２０１４年12月14日衆議院選挙の日。最後の締めくくりの文を偶然にもこの日に書くこととなった不思議に、そばに師匠がいるような気がします。

師匠のエッセイを大事にしてくださり、個人的な後日談を書かせてくださった編集部のみなさま、編集者の丹野未雪さんに感謝いたします。

（料理研究家）

＊本書は一九九六年九月に大日本図書から単行本として刊行されたものを底本に、本田明子氏による随想と本田氏および小林カツ代キッチンスタジオによるレシピをあらたに増補したものです。
＊現在では不適切な言葉とされている箇所がございますが、著者の遺志、また、当時の社会背景や表現を尊重し、そのままとしてあります。ご了承ください。

おなかがすく話《はなし》

二〇一五年 二 月一〇日　初版印刷
二〇一五年 二 月二〇日　初版発行

著　者　小林《こばやし》カツ代《よ》

発行者　小野寺優
発行所　株式会社河出書房新社
〒一五一-〇〇五一
東京都渋谷区千駄ヶ谷二-三二-二
電話〇三-三四〇四-八六一一（編集）
〇三-三四〇四-一二〇一（営業）
http://www.kawade.co.jp/

ロゴ・表紙デザイン　粟津潔
本文フォーマット　佐々木暁
本文組版　株式会社創都
印刷・製本　凸版印刷株式会社

Printed in Japan　ISBN978-4-309-41350-1

巴里の空の下オムレツのにおいは流れる

石井好子 41093-7

下宿先のマダムが作ったバタたっぷりのオムレツ、レビュの仕事仲間と夜食に食べた熱々のグラティネ——一九五〇年代のパリ暮らしと思い出深い料理の数々を軽やかに歌うように綴った、料理エッセイの元祖。

東京の空の下オムレツのにおいは流れる

石井好子 41099-9

ベストセラーとなった『巴里の空の下オムレツのにおいは流れる』の姉妹篇。大切な家族や友人との食卓、旅などについて、ユーモラスに、洒落っ気たっぷりに描く。

わたしの週末なごみ旅

岸本葉子 41168-2

著者の愛する古びたものをめぐりながら、旅や家族の記憶に分け入ったエッセイと写真の『ちょっと古びたものが好き』、柴又など、都内の楽しい週末“ゆる旅”エッセイ集、『週末ゆる散歩』の二冊を収録！

天下一品 食いしん坊の記録

小島政二郎 41165-1

大作家で、大いなる健啖家であった稀代の食いしん坊による、うまいものを求めて徹底吟味する紀行・味道エッセイ集。西東の有名無名の店と料理満載。

大人の東京散歩 「昭和」を探して

鈴木伸子 40986-3

東京のプロがこっそり教える情報がいっぱい詰まった、大人のためのお散歩ガイド。変貌著しい東京に見え隠れする昭和のにおいを探して、今日はどこへ行こう？　昭和の懐かし写真も満載。

パリジェンヌのパリ20区散歩

ドラ・トーザン 46386-5

生粋パリジェンヌである著者がパリを20区ごとに案内。それぞれの区の個性や魅力を紹介。読むだけでパリジェンヌの大好きなflânerie（フラヌリ・ぶらぶら歩き）気分が味わえる！